# DES NULLITÉS

EN

# COUR D'ASSISES

PAR

## M. A. DEYRES

Conseiller-Président d'Assises à la Cour d'Appel de Toulouse,
Chevalier de la Légion d'honneur.

## DEUXIÈME ÉDITION

PARIS
ALPHONSE PICARD
LIBRAIRE
Rue Bonaparte, 82

TOULOUSE
ÉDOUARD PRIVAT
LIBRAIRE-ÉDITEUR
Rue des Tourneurs, 45

1880

TOULOUSE, IMPRIMERIE PRIVAT-DOULADOURE, RUE SAINT-ROME, 59

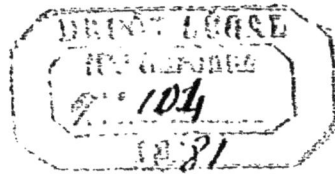

# DES NULLITÉS

## EN COUR D'ASSISES

OULOUSE — IMPRIMERIE DOULADOURE-PRIVAT, RUE SAINT-ROME, 39

# DES NULLITÉS

EN

# COUR D'ASSISES

PAR

## M. A. DEYRES

Conseiller-Président d'Assises à la Cour d'Appel de Toulouse,
Chevalier de la Légion d'honneur.

---

### DEUXIÈME ÉDITION

---

PARIS
ALPHONSE PICARD
LIBRAIRE
Rue Bonaparte, 82

TOULOUSE
ÉDOUARD PRIVAT
LIBRAIRE-ÉDITEUR
Rue des Tourneurs, 45

1880

En publiant ce travail, fruit de longues et consciencieuses recherches, je n'ai pas la prétention d'avoir relevé absolument toutes les nullités de la Cour d'Assises; les principales s'y trouvent cependant.

J'ai puisé à bonne source les documents qui ont servi de base à ce recueil, et j'ai établi une division qui en facilitera l'usage.

D'autres font connaître, avec de grands développements, les formalités prescrites par la loi. Quant à moi, je me borne à signaler les nullités à éviter.

Il me semble que ce travail pourra être utile

aux personnes appelées, à un titre quelconque, à prendre part aux travaux de la Cour d'Assises, et j'espère qu'il lui sera fait bon accueil par la magistrature et par le barreau.


A. DEYRES.

En ces années confuses et troublées où nous vivons, les livres sévères n'ont pas toujours cette rare et heureuse fortune des œuvres frivoles, de ne pas échouer en venant au monde et de ne pas disparaître entre deux inclinaisons de soleil. Notre société, pressée de vivre, n'aime pas à s'arrêter longtemps aux œuvres sérieuses mûries par le travail patient et les consciencieuses recherches. De loin en loin, il y a des livres qui ne sombrent pas dans ce naufrage, sûrs de leur force et de leur durée, et allant, par un chemin rapide, au succès et à la renommée.

Le magistrat distingué qui a rassemblé avec tant d'art et de clarté les nullités en cour d'assises ne s'égarait pas, en espérant, il y a trois ans, que la première édition de son livre serait bien accueillie par la magistrature et le barreau. Le barreau et la magistrature l'ont salué de leurs meilleurs vœux et des louanges les plus méritées. Les gardes des sceaux, les premiers présidents, les procureurs généraux, les présidents d'assises, les grands avocats, et, pour n'en citer qu'un qui se connaît en affaires criminelles, M. Lachaud, les journaux de Paris et de la province, ont encouragé et fortifié ce guide si clairvoyant, si pratique, si utile et si nécessaire à tous ceux que leurs fonctions amènent à la cour d'assises.

Ce ne sera surprendre personne que d'annoncer la deuxième édition de cette œuvre, reprise et agrandie par M. Deyres. Il ne s'en est pas tenu, cette fois, aux nullités ; il a élargi le champ et l'horizon. Après la première partie, qui embrasse la légion redoutable de ces nullités sans cesse renaissantes, il a consacré la deuxième partie aux modèles des procès-verbaux, des ordonnances et des divers actes de cette nature; la troisième, aux formules si importantes et si périlleuses des questions à poser au jury; la quatrième, aux délits de presse, et la cinquième à ces formules et renseignements dispersés de tous côtés, dont on a besoin à chaque audience et qui se trouveront ainsi, sur l'heure et sous la main, groupés à leur place et mis dans leur jour. Une table alphabétique et une table générale analytique ferment ce livre si complet.

Cette deuxième édition s'épuisera comme la première, plus vite peut-être, parce qu'elle est refondue et augmentée et qu'elle trouvera devant elle une route déjà frayée. Jamais livre n'aura été plus utile aux magistrats et aux avocats. J'en ai dit une partie du bien qu'il en faut dire; ceux qui s'en serviront en diront plus de bien que moi. M. Deyres a rendu ainsi un grand service aux hommes du Palais. Où sont-ils, les esprits chagrins et médisants qui ont prétendu parfois que les magistrats ne travaillaient pas? — J. D.

(*Journal de Toulouse.*)

M. Berville, un des esprits les plus doux et les plus aimables de la Restauration et dont le nom est resté cher au Palais, disait, un jour, aux magistrats de son temps : « Les « présidents d'assises ressemblent à ces nochers qui navi- « guent sans cesse au milieu des écueils et qui doivent se « réjouir d'arriver au port, sans avoir échoué dans la tra- « versée. » Il en est, en effet, des audiences de la Cour d'assises, comme des rivages dont les eaux sont parsemées de roches périlleuses et cachées; les magistrats qui les pré- sident sont exposés, à toute heure, à toucher à ces écueils dont parlait M. Berville. Ce n'est pas tout de savoir diriger un débat criminel et de mettre en lumière la vie mysté- rieuse et redoutable des hommes voués à toutes les souillures et à toutes les révoltes; il faut aussi religieusement se sou- mettre aux formalités rigoureuses et sages de la loi.

Le livre de M. le conseiller Deyres sur les *Nullités en Cour d'assises* est destiné à tous les hommes du Palais, aux conseillers chargés de la mission délicate et grave de présider les audiences criminelles, aux membres du parquet accusant au nom de la loi qui condamne, aux avocats qui défendent les accusés, aux greffiers qui rédigent les procès-verbaux des audiences plus difficiles qu'on ne pense, et aux officiers ministériels dont une négligence peut entraîner la nullité des arrêts.

Toutes ces nullités ont été groupées dans ce livre avec un ordre et une clarté qui font songer à ce mot de Fénelon : « L'ordre est la première des opérations de l'intelligence. » On y retrouve les nullités qui sont du domaine de la chambre d'accusation, de la formation des Cours d'assises et de la procédure qui s'y déroule, celles qui touchent à l'examen, au jury et aux demandes en cassation. Le chapitre des procès de presse contient de précieux documents pour les chefs de parquet, les juges d'instruction, les conseillers et tous ceux qui sont appelés à prendre part à ces procédures. Tout y est, depuis la dépêche ministérielle ordonnant la poursuite et le réquisitoire introductif, jusqu'au procès-verbal des débats, aux délais des pourvois et aux arrêts de la Cour de Cassation. Le dernier chapitre a des formules d'arrêts et de procès-verbaux à l'aide desquels on peut braver bien des incidents d'audience et bien des pourvois, en marchant d'un pas éclairé et sûr dans ce chemin difficile à parcourir.

Les magistrats qui président les assises ont sous la main le manuel légendaire où sont développées les diverses formalités prescrites par la loi. M. Deyres a voulu faire une œuvre plus précise en embrassant, dans un cadre plus restreint mais plus pratique les nullités à éviter. Il a singulièrement simplifié le travail des présidents, en leur frayant la voie et en les aidant à éviter des erreurs ou des omissions dont les intérêts de la justice ont eu si souvent à souffrir. En matière de justice criminelle, les formes sont presque toujours sacramentelles ou substantielles, et c'est un grand service rendu à ceux qui doivent les observer d'avoir assemblé en faisceau ces nullités si variées et si dispersées, en les mettant à leur place et en découvrant le piège. Ce livre sera de première nécessité pour tous ceux qui seront jaloux de connaître la science et la pratique des

affaires criminelles : ce sera leur livre de chevet pendant
les sessions de Cour d'assises. Cette œuvre de M. Deyres,
puisée aux sources et où abondent les plus utiles documents,
est fille de patientes et consciencieuses recherches[1]. — J. D.

Voici de nouveaux et flatteurs témoignages de magistrats
haut placés et de la presse :

*Lettre de M. BENOIST, directeur des affaires criminelles
et des grâces.* — «.Paris, 10 août 1877. — Monsieur le Conseiller, j'ai beaucoup plus tardé que je n'aurais voulu à vous
remercier de l'envoi que vous avez eu la bonté de me faire
*Des nullités en Cour d'assises*, mais j'ai tenu à me rendre
compte tout d'abord de votre travail, pour ôter à mes remercîments ce caractère de banalité qui m'eût paru fort
mal répondre à votre gracieuse attention.

« Je n'ai pas lieu de m'en repentir, et en trouvant si bien
condensées dans un ordre si heureux et si clair les observations dont MM. les présidents d'assises ont à se préoccuper
dans leurs difficiles fonctions, j'ai applaudi aux efforts que
vous avez faits pour diminuer leur tâche et prévenir de
leur part des erreurs ou omissions dont les intérêts de la
justice ont trop souvent à souffrir.

« Permettez-moi donc, Monsieur le Conseiller, de vous
féliciter de votre œuvre, et veuillez agréer, je vous prie,
avec mes remercîments, l'expression de ma considération
la plus distinguée. — L. BENOIST. »

*Cour d'appel de Toulouse. — Cabinet du Premier Prési-
dent.* — «Toulouse, le 2 août 1877. — Monsieur le Conseiller,
je vous remercie d'avoir bien voulu m'envoyer un exemplaire de votre livre. Vous avez condensé dans un espace
restreint toutes les solutions qui touchent à une matière
où presque toutes les formes sont substantielles, et qui est
hérissée de nullités. Vous avez donné un corps et de l'unité
à la variété des décisions disséminées dans de nombreux
recueils, et préparé pour vos collègues un guide sûr et ins-
tructif. Sous des formes modestes, vous avez fait un bon

---

1. Extrait du *Journal de Toulouse* du 15 octobre 1877.

livre et servi la science et la pratique des affaires criminelles. Tout dans votre œuvre me paraît clair, concis, à sa
place. Vous épargnez au lecteur les longs développements
en résumant votre pensée dans des formules brèves et qui
se suffisent à elles-mêmes. Votre livre sera le *Vade mecum*
du président de Cour d'assises : il évitera bien des erreurs.
Ce but moral et tout judiciaire est certainement la meil-
leure récompense de vos laborieuses et scrupuleuses recherches: il est facile de voir que chaque solution, qui paraît si simple, vous a demandé un sérieux examen et coûté
beaucoup de temps. Je vous prie de recevoir mes sincères
félicitations pour un travail si utile et si bien fait. Agréez,
Monsieur le Conseiller, l'assurance de ma haute considération et de mes sentiments dévoués. — DE SAINT-GRESSE. »

*Cour d'appel de Toulouse. — Cabinet du Procureur gé-
néral.* — « Toulouse, le 14 août 1877. — Monsieur et cher
Collègue, en vous remerciant d'avoir bien voulu me faire
hommage d'un exemplaire de votre excellent et très-utile
travail, je vous prie d'agréer, Monsieur et cher collègue,
l'expression de mes sentiments de haute considération et
d'affectueuse estime.— *Le procureur général*, P. VAULOGÉ. »

*Extrait de* DALLOZ, *Jurisprudence générale, recueil pé-
riodique et critique* (1er cahier mensuel 1878) : « Le livre
que M. Deyres vient de publier sur les *Nullités en Cour
d'assises* se recommande surtout à la magistrature comme
un guide précieux et indispensable. Composé avec concision,
d'après des documents puisés à bonne source, et par une
personne à laquelle la matière était familière, par suite de
ses fonctions de président de Cour d'assises durant plusieurs
années, ce résumé nous semble susceptible de faire éviter
bien des erreurs, en relevant toutes les causes de nullité qui
peuvent se produire depuis la mise en accusation jusqu'à
la demande en cassation. L'auteur ne s'est pas borné à consacrer un chapitre spécial aux procès de presse, il a joint
encore toute une série d'arrêts et de formules de procès.
Bien que l'on puisse reprocher à M. Deyres de n'avoir pas
indiqué rapidement les décisions de la jurisprudence, nous

n'hésitons pas à reconnaître l'intérêt de cette publication que nous croyons devoir signaler aux magistrats d'une façon particulière. »

*Extrait du Recueil de* SIREY ( huitième et neuvième cahiers mensuels 1877) : « Ce petit livre ne contient pas toutes les nullités de la Cour d'assises ; il en relève les principales, celles qui se présentent le plus souvent. Ces nullités sont classées dans un ordre logique qui facilite les recherches du lecteur. Quelques formules d'actes complètent l'utilité de ce volume pour toutes les personnes qui, à un titre quelconque, se trouvent appelées à prendre part aux travaux de la Cour d'assises. »

*Extrait du* Français *du* 15 *décembre* 1877 : « On ne peut que recommander à la magistrature et au barreau le livre des *Nullités en Cour d'assises* que vient de publier M. A. Deyres, conseiller à la Cour de Toulouse. L'auteur a résumé avec netteté et précision les enseignements donnés par les arrêts de la Cour de Cassation. Il les a présentés sous une forme nouvelle et a rendu ainsi un grand service aux présidents d'assises.

« Ce livre est de première nécessité pour tous ceux qui veulent connaître la science et la pratique des affaires criminelles. »

*Extrait du* Paris-Journal *du* 5 *janvier* 1878 : « Il suffit de suivre un peu régulièrement les travaux des Cours d'assises pour voir fréquemment cassés des arrêts longuement préparés, et cela pour des causes de nullité qui ont échappé, pendant tout le cours des débats, à la vigilance des magistrats. Ceux-ci pourtant sont instruits, pleins d'expérience ; mais les garanties dont la loi a entouré la procédure criminelle sont tellement nombreuses, si variées, que les erreurs ou les omissions sont faciles, et il faudrait même s'étonner qu'elles ne fussent pas plus multipliées.

« Aussi, le livre de M. Deyres, très-bien fait, très-méthodique, bien que l'auteur ne puisse encore affirmer que son travail est complet, sera-t-il pour la magistrature, pour les avocats, pour les jurés, un indispensable manuel, dont les interprétations, du reste, méritent toute confiance, en raison de la haute compétence du magistrat qui l'a écrit. »

*Extrait du* Messager de Toulouse *du 11 décembre* 1877 : « L'ordonnance de l'ouvrage de M. Deyres est aussi simple que logique. L'auteur prend l'accusé au moment où la chambre des mises en accusation l'a renvoyé devant la Cour d'assises. Il nous le fait suivre pas à pas, dans cette longue procédure, dans ce drame douloureux dont le cinquième acte se jouera devant la Cour de Cassation.

« En route, il signale toutes les nullités qui peuvent surgir. M. Deyres ne discute pas dans son livre. C'est par voie de propositions qu'il indique tout ce qui peut infecter la procédure d'un vice qui fera casser l'arrêt.

« Tout cela est écrit dans un style élégant et sobre, ayant toute la concision du style législatif sans en avoir la stérile sécheresse.

« Et maintenant, si on nous demande l'utilité de cet ouvrage après les traités si remarquables de MM. Nouguier, Dufour et Faustin-Hélie, qui ont discuté si savamment la composition et le fonctionnement des Cours d'assises, nous répondrons que cette utilité se faisait depuis longtemps sentir.

« Il manquait un livre qu'on pût mettre dans son dossier et consulter à l'audience sans perdre de temps, un livre ayant une grande sûreté de doctrine et contenant les décisions les plus récentes. Toutes ces qualités, l'ouvrage de M. Deyres les possède. Sa disposition facilite les recherches, et les solutions sont toutes d'une rigoureuse orthodoxie. »

*Ministère de la justice et des cultes. — Division du personnel.* — « Paris, le 4 août 1877. — Monsieur le Conseiller, j'ai reçu l'exemplaire de l'ouvrage intitulé : *Des Nullités en Cour d'assises,* que vous avez bien voulu m'adresser. Je vous remercie de cet envoi; le but que vous vous êtes proposé dans ce travail, sera apprécié, je n'en doute pas, par les magistrats appelés à prendre part aux travaux de la Cour d'assises. — Recevez, Monsieur le Conseiller, l'assurance de ma considération distinguée. — *Le président du Conseil, garde des sceaux, ministre de la justice.* — Par autorisation, *le conseiller d'État, secrétaire général*, E. TALANDIER. »

*Ministère de la justice. — Cabinet du garde des sceaux.* — « Paris, le 31 juillet 1877. — Monsieur le Conseiller, j'ai reçu, avec la lettre que vous avez bien voulu m'adresser, un exemplaire de l'ouvrage que vous publiez sous le titre : *Des Nullités en Cour d'assises.* Je ne saurais trop vous féliciter, Monsieur le Conseiller, de consacrer le peu de loisirs que vous laissent vos importantes fonctions à des travaux aussi utiles. Je tiens, en même temps, à vous remercier de votre gracieux envoi. — Recevez, Monsieur le Conseiller, l'assurance de ma considération très-distinguée. — *Le président du Conseil, garde des sceaux, ministre de la justice*, BROGLIE. »

*Ministère de la justice. — Cabinet du garde des sceaux.* — « Paris, le 21 décembre 1877. — Monsieur le Conseiller, j'ai reçu l'envoi que vous avez bien voulu me faire de votre récent ouvrage sur les *Nullités en Cour d'assises.* Je vous en remercie, et c'est avec empressement que je saisis cette occasion de vous féliciter de l'étude approfondie que vous venez de consacrer à cette importante question de pratique judiciaire. — Agréez, Monsieur le Conseiller, l'assurance de ma considération très-distinguée. — *Le président du Conseil, garde des sceaux, ministre de la justice*, J. DUFAURE. »

« 10 juin 1878. — Mon cher ancien camarade, je suis fort en retard pour vous remercier. Veuillez m'excuser. Depuis notre charmante fête de Bazas, je ne sais comment j'ai vécu, mais ce qui est certain, c'est que je n'ai pu rien faire de ce qui m'était particulièrement agréable. Je viens de lire votre livre. Quel excellent cadeau vous faites aux magistrats de la Cour d'assises ! Avec vous plus de nullités ni de motifs de cassation, car tout devient clair et précis. L'avocat criminel a tout à perdre par votre petit volume, ce qui ne m'empêche pas pourtant de vous féliciter bien sincèrement et de vous envoyer toute ma gratitude pour cet aimable souvenir. — Mes meilleurs sentiments affectueux et dévoués, Ch. LACHAUD. »

*Extrait de l'*Abeille franc-comtoise *du* 15 *décembre* 1878 : « Nous recommandons aux magistrats et aux avocats un livre très-bien fait de M. A. Deyres, conseiller à la Cour d'appel de Toulouse. M. Deyres est un président d'assises des plus distingués, et il a publié un ouvrage intitulé : *Des Nullités en Cour d'assises*. Tous ceux qui s'occupent de l'administration de la justice criminelle, feront bien d'avoir l'ouvrage de M. Deyres à leur disposition. Les magistrats éviteront par là les nullités qui pourraient entacher soit la procédure, soit l'arrêt qu'ils ont à rendre. Quant aux avocats, ils apprendront dans quel cas il convient de demander acte à la Cour des nullités qui ont pu se produire pendant les débats. L'ouvrage de M. Deyres est d'une clarté remarquable ; on n'a qu'à se reporter à la table pour être fixé sur les passages à consulter. Pour mieux faire comprendre le but de l'auteur, nous reproduisons l'avertissement placé en tête du volume.

*Cour d'appel de Toulouse. — Cabinet du procureur général.* — « Toulouse, le 24 décembre 1878. — Monsieur le Conseiller et cher collègue, j'ai lu, avec autant d'intérêt que de profit, le traité des *Nullités en Cour d'assises* que vous avez bien voulu m'adresser. Je vous félicite de ce travail, qui se recommande par l'exactitude des solutions et par la clarté de la méthode. Ceux qui vous connaissent et qui savent l'intelligente application et le soin scrupuleux que vous apportez dans vos investigations, n'hésiteront pas à prendre votre livre pour guide. Mais pour les autres, peut-être n'eût-il pas été inutile de mettre en regard de vos propositions les monuments de doctrine et de jurisprudence qu'elles résument. Quoi qu'il en soit, votre livre est de ceux que consulteront avec fruit tous ceux qui ont à prendre part aux débats de la Cour d'assises. — Agréez, Monsieur le Conseiller et cher collègue, l'assurance de mes

sentiments de haute considération. — *Le procureur gé-*
*néral*, L. Diffre. »

*Extrait de l'*Écho des Bouches-du-Rhône *du 9 mars* 1879
« Voici un bon livre, tout de pratique, que l'on peut
recommander avec la certitude d'être utile aux présidents
d'assises, aux magistrats des parquets, aux greffiers, aux
huissiers et même aux jurés. Il ne peut, sous son format
réduit, dire ce qui est à faire, mais il prévoit tout ce qui
est à éviter, c'est le plus important. Il énumère dans une
méthode claire et rapide les vices de forme, il signale les
écueils ; il vous prémunit contre les nullités définies par
la doctrine et la jurisprudence. C'est un guide éclairé
vous donnant sur toute cause d'hésitation une solution
nette, facile à trouver ; les questions aux jurés et leurs réponses, source des plus fréquentes difficultés, les demandé-
acte, les pourvois en Cassation, les poursuites en matière
de presse, de nombreuses formules sur les incidents des
débats, les droits et les devoirs des défenseurs, la partie
civile, les dommages-intérêts, les peines, les frais, l'extra-
dition, sont au milieu d'une infinité d'autres détails essen-
tiels, un faisceau de ressources pour marcher avec sécu-
rité sur le terrain légal des assises. Le volume que nous
signalons a été encouragé par les plus honorables témoignages. Le directeur des affaires criminelles au ministère
de la justice, des chefs de cour, des présidents d'assises,
Sirey et Dalloz ont félicité l'auteur, magistrat distingué,
ayant acquis dans la pratique du grand criminel une expérience consommée. Ce livre n'a eu qu'un but, comme l'a
écrit modestement M. le conseiller Deyres : venir en aide
à tous ceux qui sont appelés, à un titre quelconque, à
prendre part aux travaux de la Cour d'assises. J'espère,
dit-il, qu'il lui sera fait un bon accueil par la magistrature
et par le barreau. Nous partageons pleinement la confiance
de l'auteur. — E. DE Mougins-Roquefort, *conseiller à la*
*Cour d'Aix.* »

*Cour d'appel de Toulouse. — Cabinet du Procureur gé-*
*néral.—*« Toulouse, le 5 août 1880. —Monsieur le Conseiller

et cher collègue, je regrette de n'avoir pu vous remercier plus promptement de l'envoi que vous m'avez fait, d'avoir pris tardivement connaissance des documents que vous avez bien voulu me communiquer et de m'être privé pendant plusieurs jours du plaisir de vous faire connaître mes impressions. Le temps passe si vite, et pour moi les heures sont si courtes! Je comprends qu'on vous ait félicité d'avoir fait un bon livre, d'avoir condensé en pages que vos lecteurs ont trouvées courtes, le fruit d'une longue expérience, les observations d'une intelligence exercée. On trouve plaisir et profit à vous suivre dans le dédale des nullités en Cour d'assises, et on ne s'égare pas en compagnie d'un si bon guide. — Veuillez agréer, Monsieur et cher collègue, l'assurance de ma considération la plus distinguée et de mes meilleurs sentiments. — A. VÉTELAY. »

Nous n'ajouterons rien aux précieux suffrages rapportés ci-dessus; ils assurent le succès de cet ouvrage, et les *Nullités en Cour d'assises* deviendront un *Vade mecum* indispensable à tous les présidents d'assises, aux membres du parquet, aux avocats, aux greffiers et aux officiers ministériels.

# PREMIÈRE PARTIE

---

## NULLITÉS

# CHAPITRE PREMIER

## DES MISES EN ACCUSATION

**1.** Par suite de l'arrêt de renvoi prescrit aux termes et dans les formes voulues par l'article 231, le prévenu est renvoyé aux assises et devient accusé; mais serait nul l'arrêt d'accusation qui se bornerait à constater que le crime *paraît* avoir été commis par l'accusé.

**2.** Une ordonnance de prise de corps est décernée contre l'accusé, et, à peine de nullité, l'arrêt doit faire mention, tant de la réquisition du ministère public, que du nom de chacun des juges.

**3.** De plus, il doit, à peine de nullité, contenir un exposé sommaire et la qualification légale du fait, objet de l'accusation; c'est à cette condition seulement que la Cour de Cassation peut exercer sur cette qualification le contrôle qui lui appartient.

**4.** Est compétente pour statuer sur une demande de mise en liberté, après condamnation à l'emprisonnement en Cour d'Assises et après la clôture de la session, pour rendre le pourvoi en Cassation recevable, la chambre des mises en accusation, qui a la plénitude de juridiction en matière criminelle.

**5.** Lorsque les faits résultant d'une information sont énoncés dans un réquisitoire du ministère public, ou dans une ordonnance du juge d'instruction, et présentés comme constituant soit un crime, soit un délit, la chambre d'accusation saisie ne peut, à peine de nullité, s'abstenir de s'expliquer tant sur l'existence de ces faits, que sur leur qualification.

6. Comme aussi, est nul pour défaut de motifs l'arrêt de la chambre d'accusation qui renvoie l'inculpé des fins de la poursuite, en se contentant de déclarer, sans examiner ni discuter les faits et les charges relevés contre celui-ci, qu'il ne résulte pas de la procédure des charges suffisantes de culpabilité pour motiver sa mise en accusation.

7. Il en est de même de l'arrêt de non-lieu qui, après un réquisitoire énonçant à la charge du prévenu des faits pouvant constituer un délit, se borne à déclarer qu'il n'existe pas de charges suffisantes contre lui, sans constater explicitement si c'est l'existence des circonstances matérielles ou leur caractère délictueux qu'il dénie.

8. Un arrêt de mise en accusation est nul si, en prononçant le renvoi devant la Cour d'assises pour attentat à la pudeur, il se borne à mentionner les habitudes dépravées de l'accusé, les révélations de la victime et les bruits qui ont couru dans le public, sans énoncer ou spécifier un fait de nature à justifier la qualification admise.

9. L'inobservation des dispositions de l'article 480 du Code d'Instruction criminelle, lesquelles sont d'ordre public, entraîne la nullité de la procédure. — Le notaire prévenu d'abus de confiance commis dans l'exercice de sa profession, et qui, au moment où les faits incriminés se seraient produits, était suppléant de justice de paix, a droit aux garanties spécifiées par ledit article 480.

# CHAPITRE II

## DE LA FORMATION DES COURS D'ASSISES

**10.** La Cour, composée du Président et des deux assesseurs, du Ministère public et du greffier, entre en séance; mais, si elle est complétée par un magistrat n'ayant pas assisté à une séance antérieure où l'on avait procédé à une enquête ordonnée par un arrêt précédent, le consentement formel de la partie civile et du prévenu ne peut couvrir cette nullité d'ordre public.

**11.** Est nul l'arrêt rendu par la Cour d'assises, autre que celle à laquelle a été renvoyée l'affaire par un arrêt de mise en accusation passé en force de chose jugée.

**12.** De même que l'arrêt de la Cour d'assises auquel a concouru un magistrat ayant voté pour la mise en accusation.

**13.** L'arrêt de la Cour d'Assises qui prononce l'annulation des débats, pour le motif que l'un des assesseurs qui a pris part aux opérations préliminaires se trouve frappé d'incapacité comme ayant voté sur la mise en accusation, est nul, s'il est rendu avec le concours de ce même assesseur.

**14.** Le vice dans la composition de la Cour d'assises de l'île de la Réunion donne, aux termes de l'article 257 du Code d'Instruction criminelle colonial, ouverture au recours en cassation. Est nul, dès lors, l'arrêt de cette Cour auquel a concouru un assesseur âgé de moins de trente ans.

**15.** Aux termes de l'article 7 du Code d'Instruction criminelle, la Cour d'assises n'est compétente pour statuer sur les faits commis à l'étranger par un Français contre un Français, qu'autant que ces faits ont le caractère de crimes; mais si, devant la Cour d'Assises, ces faits perdent ce premier caractère pour ne plus constituer qu'un simple délit, cette Cour doit se déclarer incompétente et déclarer qu'il n'y a pas lieu pour elle de statuer en l'état.

**16.** C'est à la Cour d'assises et non au Président qu'il appartient d'ordonner l'adjonction d'un ou de plusieurs jurés suppléants. Cet arrêt peut être rendu en séance publique, même en la présence de l'accusé.

**17.** C'est aussi à la Cour d'assises et non au Président qu'il appartient d'admettre l'excuse proposée par un juré et d'ordonner le remplacement de ce dernier par un juré suppléant. L'excès de pouvoir du Président qui prendrait seul cette mesure ne serait point couvert par l'arrêt de la Cour qui, postérieurement, ratifierait ce qui aurait été irrégulièrement exécuté.

**18.** Il y a nullité : s'il n'est pas statué par la Cour d'Assises, lorsqu'un incident forme un débat contentieux en cas de contestation de la part du Ministère public;

**19.** Si c'est le Président, et non la Cour d'assises, qui statue sur l'opposition de l'accusé à ce que des questions soient posées comme résultant des débats;

**20.** Si la Cour ne statue pas sur les questions qui s'élèvent entre l'accusé et le Ministère public, sur la position des questions subsidiaires;

**21.** Si la Cour refusait d'entendre l'accusé ou son défenseur (elle est tenue de statuer sur leurs conclusions);

**22.** Si la Cour soumet au jury l'appréciation de faits autres que ceux sur lesquels l'accusation était fondée et constitutifs d'un crime différent (dans ce cas l'accusation n'est pas purgée);

**23.** Si la Cour ne statue pas sur les conclusions prises par l'accusé sur la position des questions;

**24.** Si la Cour ne motive pas les arrêts qui statuent sur des incidents relatifs à la position des questions au jury;

**25.** Si les conclusions prises devant la Cour d'assises dans l'intérêt de l'accusé constituant un incident contentieux, étaient vidées par le Président, et non par la Cour elle-même;

**26.** Si la Cour d'assises ne substitue pas la peine de la réclusion à celle des travaux forcés, lorsque les condamnés ont soixante ans accomplis.

**27.** La Cour d'assises viole la chose jugée par la déclaration du jury lorsque, pour prononcer une condamnation au profit de la partie civile, elle imprime ou restitue au fait imputé le caractère de criminalité que cette déclaration aurait fait disparaître.

**28.** La Cour d'assises ne peut, après avoir prononcé un arrêt de condamnation, réparer l'erreur qu'elle y aurait commise. A la Cour de Cassation seule appartient ce droit.

**29.** La déclaration du jury étant irrévocable, la Cour d'Assises ne peut, lorsque cette déclaration est affirmative, prononcer l'acquittement de l'accusé sur l'allégation, par le défenseur de celui-ci, de circonstances qui ôteraient au fait poursuivi le caractère de crime, et qui n'ont pas fait l'objet de questions au jury.

1.

**30.** Il y aurait nullité, si le Président ordonnait la jonction de deux procédures et soumettait les accusés aux mêmes débats.

**31.** Avant l'ouverture de la session, lorsque le Conseiller nommé pour présider les assises est empêché, il appartient au Garde des sceaux et, à son défaut, au Premier Président, de le remplacer par un autre Conseiller. Le mode de remplacement déterminé par l'article 263 n'est applicable qu'autant que le Ministre ou le Premier Président n'ont pas au préalable usé de leur droit de nomination. Le Président d'une Cour d'assises, qui se trouve empêché, n'a pas qualité pour désigner lui-même le magistrat qui doit le remplacer.

**32.** Ainsi, la désignation qu'il a faite du Vice-Président de Tribunal entache de nullité la composition de la Cour, alors même que le Vice-Président ferait partie déjà de la Cour d'Assises comme assesseur, si d'ailleurs rien ne constate l'empêchement du Président du Tribunal.

**33.** Le président empêché après l'ouverture de la session doit être remplacé par le plus ancien des deux assesseurs faisant partie de la composition primitive de la Cour.

**34.** Il y aurait nullité s'il en était autrement, et si le Premier Président choisissait dans la compagnie un magistrat pour présider le reste de la session.

**35.** Lorsque la Cour d'assises entière se trouve légitimement empêchée, il appartient au Premier Président de pourvoir au remplacement du Président et des assesseurs.

**36.** Dans le cours des débats, le Président ne peut

s'écarter, sous peine de nullité, de l'arrêt de renvoi en ce qu'il a d'essentiel.

**37.** Il ne peut y introduire des alternatives propres à empêcher que l'accusation ne soit régulièrement purgée.

**38.** Il doit revêtir de sa signature, à peine de nullité, le procès-verbal de la formation du jury.

**39.** Après avoir dirigé les débats, le Président doit les résumer. Ce résumé doit être fait, à peine de nullité; mais, quant à la forme, il est abandonné par la loi à sa conscience.

**40.** Il y a nullité :

S'il fait usage contre l'accusé, après la clôture des débats, de pièces qui n'auraient pas été produites avant cette clôture;

**41.** Ou s'il entend des témoins après la clôture.

**42.** Il peut néanmoins rouvrir les débats déjà clôturés.

**43.** S'il donne au jury les avertissements prescrits par l'article 245, au lieu de lui donner ceux de l'article 341;

**44.** Si, dans une accusation de faux, il substitue le mot *obligation* au mot *lettre de change*;

**45.** Si dans une complicité d'infanticide, il pose une question sur le fait de tentative d'avortement;

**46.** S'il substitue une accusation d'attentat à la pudeur à une accusation de viol, si elle ne résulte pas des débats;

**47.** S'il ne pose pas au jury des questions distinctes et séparées, tant sur le fait principal que sur chacune des circonstances aggravantes comprises dans le résumé de l'acte d'accusation;

**48.** S'il ne pose pas les questions sur les circonstances aggravantes, lorsqu'elles naissent des débats ;

**49.** S'il pose la question résultant de l'acte d'accusation, alors qu'elle ne résulte pas de l'arrêt de renvoi ;

**50.** S'il ne pose pas au jury une question distincte sur chaque fait principal de l'accusation ;

**51.** S'il interroge le jury sur les faits qui ne sont énoncés, ni dans le dispositif de l'arrêt de renvoi, ni dans le résumé de l'acte d'accusation, encore bien qu'ils seraient énoncés dans le narré de ces deux actes, s'ils ne sont ni une circonstance, ni une modification du fait principal de l'accusation ;

**52.** S'il n'avertit pas le jury que son vote doit avoir lieu au scrutin secret ;

**53.** Si, par excès de pouvoir, sans arrêt de la Cour, il renvoie le jury dans la chambre des délibérations pour rectifier une déclaration de circonstances atténuantes où la majorité n'avait pas été exprimée, ou pour toute autre rectification ;

**54.** Le jury peut être renvoyé à délibérer pour compléter et régulariser sa déclaration, même après la lecture qui en a été faite à l'accusé. Ce renvoi rouvre la délibération et doit être prononcé par la Cour d'assises. L'intervention de la Cour n'est pas établie, lorsque le procès-verbal des débats ne mentionnant pas l'incident, les conclusions de l'accusé articulent que c'est le Président seul qui a ordonné le renvoi, et que l'arrêt de *donné acte* ne contredit pas cette allégation. Il y a, dès lors, lieu à cassation ;

**55.** S'il ne signe pas, ainsi que le greffier, les réponses du jury. La signature purement facultative apposée au pied de la colonne contenant les questions, ne remplit pas le vœu de l'article 347 du Code d'Instruction criminelle.

**56.** A l'île de la Réunion, la Cour d'assises étant juge du fait et du droit, doit d'abord statuer sur le fait, en consignant sur une feuille spéciale, revêtue de la signature du Président, la position des questions et des réponses avec mention expresse de la majorité pour chacune. Un simple parafe suivant immédiatement, à la fin de cette feuille, la mention : *Le Président des Assises*, ne peut remplacer sa signature, et il en résulte une nullité qui donne ouverture à cassation.

**57.** Enfin, lorsque l'ordonnance d'acquittement a été rendue par le Président, sur une déclaration du jury, qui renferme des propositions contradictoires.

**58.** La Cour d'assises se compose d'un Président nommé par le Garde des Sceaux et deux assesseurs nommés par ordonnance du Premier Président. Le Ministère public et le greffier la complètent. Or, en cas d'empêchement d'un Conseiller assesseur du chef-lieu de la Cour, le remplacement ne peut avoir lieu que par l'appel du plus ancien, sur la désignation du Premier Président.

**59.** Il y a nullité, si le Président des Assises fait la désignation en vertu de la loi du 21 mars 1855, qui est applicable au chef-lieu du département, mais non au chef-lieu du ressort de la Cour. Le Président des Assises ne pourrait faire cette nomination, même en vertu d'une délégation du Premier Président. A défaut de Premier Président, le seul magistrat compétent est celui auquel sont dévolues, en cas d'empêchement, les fonctions de Premier Président.

**60.** Dès qu'un juge suppléant, appelé à siéger à la Cour d'assises, en remplacement du juge titulaire alors empêché, a concouru à un arrêt de la Cour, même avant l'ouverture des débats (par exemple à un arrêt ordonnant l'adjonction d'un treizième juré), cette Cour se trouve irrévocablement constituée, en sorte que, bien que le juge titulaire remplacé vienne à se présenter avant l'entrée en séance, le juge suppléant n'en doit pas moins demeurer assesseur.

**61.** A l'île de la Réunion, il y a violation d'un droit substantiel à la défense, et par suite nullité des opérations de la Cour d'assises et de la condamnation, lorsque la liste de trente assesseurs a été notifiée à l'accusé, non la veille, mais le jour seulement du tirage au sort des quatre assesseurs, appelés à concourir à la formation de la Cour d'assises.

**62.** Le Président ne peut refuser à l'un des juges assesseurs l'autorisation d'adresser des interpellations à un témoin avant la déclaration de la clôture des débats, à peine de nullité; mais les assesseurs doivent être très-sobres de pareilles demandes, sans quoi il n'y aurait plus unité de direction, ce qui est essentiel.

**63.** Le Président doit seul, à peine de nullité, pourvoir au remplacement des assesseurs empêchés après l'ouverture des assises du chef-lieu de département. Tout autre mode de remplacement, spécialement le remplacement par des Magistrats appelés suivant l'ordre du tableau, vicie la composition de la Cour d'assises.

**64.** Le Président de la Cour d'appel, chargé du tirage des assesseurs, ne peut, à l'île de la Réunion, sans un excès de pouvoir, apprécier les excuses présentées par les assesseurs ou en leur nom ; la Cour d'assises, seule, doit en connaitre.

**65.** Les membres de la Cour d'appel qui ont voté sur la mise en accusation ne peuvent, dans la même affaire, ni présider les assises, ni assister le Président, à peine de nullité

**66.** Si, pendant les débats, on s'aperçoit qu'un des assesseurs est empêché parce qu'il a voté sur l'accusation, la Cour doit pourvoir à son remplacement, avant d'ordonner que les débats soient annulés et recommencés devant le même jury.

**67.** Il y a nullité, si parmi les membres de la Cour d'assises se trouve un magistrat qui a conclu dans l'affaire comme officier du Ministère public.

**68.** Aux termes de l'article 429, il y a nullité si un magistrat de la Cour d'assises, qui juge une affaire après renvoi de la Cour de Cassation, a fait partie de la Cour d'assises dont l'arrêt a été cassé.

**69.** Le magistrat qui, conformément à l'article 330, a été chargé d'instruire sur un faux témoignage, ne peut, à peine de nullité, faire partie de la Cour d'assises appelée à statuer sur cette accusation.

**70.** Est nul l'arrêt auquel prend part un magistrat ayant atteint la limite d'âge, lorsque le décret de mise à la retraite de ce magistrat a été régulièrement porté à sa connaissance, ou qui avait reçu, en qualité d'officier du Ministère public par intérim, la plainte portée contre un accusé et avait requis information sur cette plainte.

**71.** Le membre du ministère public qui a requis la mise en accusation ne peut être assesseur dans une affaire jugée contradictoirement ; le magistrat qui a jugé par contumace cette même affaire comme Président d'Assises ne peut concourir comme assesseur à l'arrêt de la Cour d'assises, et ce à peine de nullité.

**72.** Il y a nullité si un assesseur se fait remplacer pour aller siéger dans une autre Chambre de la Cour, par exemple pour assister aux conclusions du Ministère public, dans une affaire déjà plaidée devant lui.

**73.** Le greffier faisant partie intégrante de la Cour d'assises, son absence à l'audience lors de l'accomplissement d'une formalité prescrite par la loi et constatée par le procès-verbal, est une cause de nullité.

**74.** De même, lorsque le greffier ne signe pas avec le Président au bas du verdict du Jury.

**75.** Les affaires qui ne sont pas en état au moment de l'ouverture de la session, ne peuvent y être portées, à peine de nullité, qu'avec le triple consentement du Procureur général, de l'accusé et du Président.

**76.** Lorsque la minute d'un arrêt porte des mentions qui n'y ont été insérées qu'en interlignes, à l'aide de grattages ou de surcharges non revêtus d'approbations, ces mentions doivent être considérées comme non écrites.

**77.** Par application de l'article 524 du Code d'Instruction criminelle, lorsqu'un incendie ou tout autre accident a détruit le dossier d'une procédure criminelle, l'absence des pièces, dont l'examen constitue un droit substantiel à la défense, est une cause de nullité de l'arrêt, et il y a lieu de procéder à une information nouvelle.

# CHAPITRE III

## DE LA PROCÉDURE DEVANT LA COUR D'ASSISES

**78.** L'arrêt de renvoi est rédigé et signé par les magistrats qui l'ont rendu.

**79.** L'acte d'accusation est dressé et signé par le Procureur général.

**80.** Le défaut d'acte d'accusation est une cause de nullité. Mais la rédaction et la notification de l'acte d'accusation ne sont prescrites qu'à l'égard des individus renvoyés en Cour d'assises comme accusés de crime, et non à l'égard de ceux qui y sont renvoyés comme prévenus d'un délit de presse.

**81.** Ils doivent être signifiés à l'accusé auquel copie en sera laissée. Cette notification est une formalité substantielle dont l'omission emporte nullité.

**82.** Cette notification est entourée de formalités auxquelles on ne saurait se soustraire.

**83.** L'absence de la signature de l'huissier sur l'acte constatant la notification à l'accusé de l'arrêt de renvoi et de l'acte d'accusation emporte la nullité de la procédure, à partir de l'acte irrégulier. Les frais de la procédure à recommencer doivent être mis à la charge de l'huissier.

**84.** Ainsi, serait nul comme la procédure ultérieure, l'exploit de notification de l'arrêt de renvoi et de l'acte d'accusation qui ne constaterait pas que la remise a été faite parlant à la personne de l'accusé. Il ne faut pas que ces derniers mots soient écrits en surcharge sur d'autres mots grattés et sans approbation. Cette faute grave de l'huissier instrumentaire entraine sa condamnation aux frais de la procédure à recommencer.

**85.** Cette notification doit être faite à la personne même de l'accusé, lorsqu'il est détenu; elle est nulle si la copie a été laissée au concierge de la maison d'arrêt, ou au greffier de la prison, ou à un tiers qui a visé l'exploit.

**86.** Cette notification serait nulle comme incomplète et irrégulière si elle ne contenait que le préambule et les conclusions de cet acte, ainsi que la notification dans laquelle le parlant à....... aurait été laissé en blanc.

**87.** Est nulle la notification faite au domicile de l'accusé, qui, au moment de cette notification, était détenu dans la Maison de Justice, encore bien qu'il ne se soit constitué que la veille de la notification dont il s'agit, et postérieurement à l'ordre donné par le parquet pour y procéder.

**88.** Il y a nullité si aucune pièce de la procédure ne constate la notification à l'accusé de l'acte d'accusation, indépendamment de l'arrêt de renvoi.

**89.** La preuve de la notification ne peut être faite que par la représentation, en original ou en copie, d'un exploit d'huissier régulier, ou par la déclaration de l'accusé dans l'interrogatoire. Ne peuvent servir de preuve : ni les certificats de l'huissier ou du receveur de l'enregistrement tendant à constater l'existence de l'exploit, ni les registres et répertoires qu'ils visent, ni même une déclaration faite par l'accusé pendant l'instance en pourvoi. Il n'y a pas lieu de s'arrêter à l'allégation que l'accusé reconnaîtrait plus tard avoir reçu, en temps de

droit, copie de l'arrêt et de l'acte d'accusation, cette allégation n'étant appuyée d'aucune justification.

**90.** Quand la signification de l'arrêt de renvoi et de
l'acte d'accusation est postérieure à l'interrogatoire,
c'est à partir de la signification que court le délai de
cinq jours accordé à l'accusé pour se pourvoir et préparer sa défense.

**91.** Quant à ce qui concerne les accusés contumax, la
notification de l'arrêt de renvoi et de l'acte d'accusation,
lorsque ces accusés n'ont aucun domicile connu, doit, à
peine de nullité, être affichée à la porte de l'auditoire de
la Cour d'assises devant laquelle ils sont renvoyés. Ces
arrêt de renvoi et acte d'accusation ont une telle im-
portance qu'un tiers ne saurait être recevable à inter-
venir devant la Cour d'assises à l'effet de faire modifier,
dans son intérêt, l'accusation portée contre un inculpé,
telle que cette accusation est formulée et qualifiée par
l'arrêt de renvoi.

**92.** C'est dans les dix jours, non pas de l'arrêt de
renvoi, mais de sa notification, que doit être rendue
contre un accusé en fuite l'ordonnance de se représenter.
Aucun délai de rigueur n'est prescrit par ladite notification. Lorsque l'accusé est détenu en France au moment
de la notification, il n'y a pas lieu à rendre contre lui
une ordonnance de se représenter. Il n'y a pas lieu à
procéder par contumace contre un accusé absent, mais
dont la *résidence* à l'étranger est connue et dont l'extra-
dition est sollicitée. D'ailleurs, une telle procédure ne
serait pas exigée, à peine de nullité.

**93.** Vingt-quatre heures après la notification de ces
deux documents, l'accusé passe de la Maison d'Arrêt

dans la Maison de Justice. S'il y arrive, après l'ouverture des assises, il ne pourra être jugé à cette session, que lorsque le Procureur général l'aura requis, lorsque l'accusé y aura consenti, et que le Président l'aura ordonné.

**94.** Il y a nullité lorsque l'accusé n'a pas eu, entre son interrogatoire devant le Président et sa comparution aux assises, un délai de cinq jours francs, pour se pourvoir ou préparer sa défense, à moins qu'il ne résulte formellement du procès-verbal des débats ou de l'arrêt qu'il a expressément renoncé à ce délai. Ce consentement de l'accusé à être jugé immédiatement doit être clairement et formellement exprimé par lui; son silence ne serait pas suffisant. Mais peu importe que l'accusé ait, lors de l'interrogatoire, déclaré renoncer à se pourvoir et consenti à être jugé; une telle renonciation et un tel consentement donnés, dans ce cas, sans la connaissance de l'acte d'accusation et de l'arrêt de renvoi, seraient essentiellement nuls. Par conséquent, pour que ce consentement puisse être opposé à l'accusé, il faut qu'il soit établi qu'il avait préalablement reçu la notification de l'arrêt de renvoi. Des décisions nombreuses, dont l'une très-récente, ont cassé des arrêts, parce que la renonciation n'avait pas eu lieu et que le délai de cinq jours n'avait pas été observé. D'un autre côté, l'accusé n'est pas censé avoir renoncé au délai de cinq jours, parce qu'il a fait citer des témoins, ni de ce qu'il a exercé son droit de récusation, lors de la formation du Jury.

**95.** Le défaut de pourvoi contre l'arrêt de renvoi couvre les nullités de l'instruction antérieure.

**96.** L'instruction ne peut être continuée pendant ce délai que jusqu'aux débats exclusivement. Sont nuls, en conséquence, les débats ouverts avant que ledit délai soit expiré, lorsqu'il n'est justifié d'aucun consentement de la part de l'accusé. Doivent être également annulés le verdict du Jury et l'arrêt de condamnation. Ce délai de cinq jours est substantiel, et son inobservation constitue une violation du droit de la défense. Mais n'est pas recevable le pourvoi formé contre un arrêt de renvoi par un accusé qui avait, dans son interrogatoire devant le Président d'assises, renoncé à se pourvoir contre ledit arrêt.

**97.** En cas d'interrogatoire de l'accusé antérieurement à la notification de l'arrêt et de l'acte d'accusation, c'est cette dernière formalité qui sert de point de départ au délai de cinq jours pleins, attribué, à peine de nullité, à la défense, avant l'ouverture des débats.

**98.** Le Président, dans l'interrogatoire, devra, à peine de nullité, désigner un conseil à l'accusé, s'il n'en désigne pas un lui-même.

**99.** Il y aurait aussi nullité si l'accusé n'était pas averti qu'un délai de cinq jours lui est accordé pour se pourvoir contre l'arrêt de renvoi. Le silence de l'accusé ne saurait couvrir cette nullité.

**100.** L'interrogatoire de l'accusé est une formalité substantielle dont l'omission emporte nullité.

**101.** Il est nul s'il ne porte pas la signature du Président, du greffier et de l'accusé ; lorsqu'il contient des grattages non approuvés portant sur une partie substantielle de cet acte et notamment sur les noms de l'accusé.

**102.** L'absence de la signature du greffier entraîne sa condamnation aux frais de la procédure à recommencer.

**103.** Lorsque l'interrogatoire ne constate ni les réponses ni le refus de répondre.

**104.** Lorsque, par exemple, le Président des Assises a posé à l'accusé la question de savoir s'il persistait dans les réponses consignées à ses précédents interrogatoires, ou s'il aurait quelque chose à changer, et que la réponse à cette question *est restée en blanc.* Le défaut de mention de la réponse de l'accusé ou de son refus de répondre à une question aussi importante enlève à l'interrogatoire le caractère de légalité qui lui est absolument nécessaire.

**105.** Lorsque la date y a été omise, et si elle ne peut être suppléée authentiquement à l'aide des énonciations de la pièce même, ou d'autres actes de procédure.

**106.** L'omission de la signature du Président constitue une faute grave à la charge du greffier, qui, aux termes de l'article 415 du Code d'Instruction criminelle, doit être condamné aux frais de la procédure à recommencer.

**107.** La procédure serait nulle si le procès-verbal ne mentionnait pas que les prescriptions de l'article 294 ont été remplies.

## CHAPITRE IV

### DE L'EXAMEN

**108.** L'accusé doit comparaître libre devant la Cour et le Jury. Il y a nullité, si des mesures pouvant gêner ou entraver sa défense ont été prises.

**109.** Sa présence à toute décision de la Cour d'Assises, sur laquelle il peut avoir intérêt à être entendu, est nécessaire, à peine de nullité ; celle de son défenseur ne suffit pas.

**110.** Toutefois, lorsque les clameurs de l'accusé ont motivé son expulsion, la Cour d'Assises peut procéder, en son absence, non-seulement aux débats, mais encore au jugement et à sa condamnation dans la même audience, sans qu'il soit nécessaire de le mettre en demeure de comparaître, et même sans lui faire donner aucune communication ni notification avant la fin de l'audience. Dans ce cas, l'obligation imposée au Président de ne reprendre la suite des débats qu'après avoir instruit l'accusé de ce qui s'est fait en son absence, est substantielle à la défense et à la publicité des débats, et doit être remplie, à peine de nullité.

**111.** Son accomplissement doit être constaté par le procès-verbal, à peine de nullité.

**112.** Il y a nullité, si le procès-verbal énonce le doute du Président sur son accomplissement et l'incertitude des souvenirs de la Cour.

**113.** Quelque latitude que l'on doive laisser à l'accusé, il ne saurait lui être permis de faire distribuer aux jurés un mémoire relatif aux faits de l'accusation. S'il l'a fait, on doit renvoyer l'affaire à une autre session, comme aussi la Cour d'Assises peut lui défendre de lire pour sa défense un discours en vers.

**114.** Règle générale, la loi n'admet pas de défense écrite de la part de l'accusé devant la Cour d'Assises. La distribution d'écrits est interdite.

**115.** Quand l'accusé formule une demande qui a trait à sa défense, il doit être constaté, à peine de nullité, par le procès-verbal des débats ou par arrêt, que la Cour a statué sur cette demande.

**116.** Il y a nullité, si la Cour interdit à la défense de contester la qualification légale donnée par l'acte d'accusation aux faits incriminés, et ordonne qu'il sera plaidé uniquement sur le fait tel qu'il est qualifié par l'acte d'accusation.

**117.** De même, lorsque le défenseur de l'accusé demande la parole pour soutenir que la déclaration du Jury entraîne l'acquittement de l'accusé, le Président ne peut la lui refuser sous prétexte que les débats sont clos. Ces conclusions élèvent un incident contentieux sur lequel l'avocat de l'accusé doit être entendu et qu'il appartient à la Cour seule de vider. La Cour est tenue de statuer sur les conclusions de l'accusé chaque fois qu'il y en a de posées par la défense, et si elle refuse d'entendre l'accusé ou son défenseur, il y a nullité.

**118.** L'arrêt qui ordonne le huis-clos doit être, à peine de nullité, rendu publiquement.

**119.** Les arrêts rendus dans le cours des débats qui ont eu lieu à huis-clos ne doivent être rendus publiquement, sous peine de nullité, qu'autant que ces arrêts statuent sur un droit prétendu et contesté, et vident ainsi un incident contentieux.

**120.** L'arrêt de la Cour d'Assises qui ordonne le huis-clos doit, à peine de nullité, déclarer que la publicité serait dangereuse pour l'ordre ou les bonnes mœurs. Il ne suffit pas que le Ministère public ait appuyé sur ce motif ses réquisitions tendant au huis-clos, il faut qu'il soit reproduit dans l'arrêt expressément, ou par voie de références.

**121.** Il doit, à peine de nullité, être motivé sur ce que la publicité serait dangereuse pour l'ordre ou les mœurs.

**122.** Il y aurait nullité si l'on refusait la parole à l'accusé pour s'expliquer sur les réquisitions tendant à faire ordonner le huis-clos, car la publicité est une garantie pour la défense, et ce serait violer les droits de la défense.

**123.** Lorsque les débats ont eu lieu à huis-clos, et que le procès-verbal ne constate pas que la publicité a été rétablie à partir du moment où le Président a commencé son résumé, il y a nullité de la procédure ultérieure.

**124.** Est nul l'arrêt incident intervenu au cours d'un débat à huis-clos, si l'audience n'a pas été rendue publique pour sa prononciation.

**125.** Les débats seraient nuls pour défaut de publicité, si l'on ne laissait pénétrer dans la salle d'audience que des personnes munies de billets, ou même, si l'on subordonnait l'entrée dans la salle d'audience à des conditions que certaines classes de citoyens ne pourraient accomplir.

**126.** Il y aurait nullité, si la Cour ordonnait la lecture de la déposition d'un témoin ; ce serait un excès de pouvoir.

**127.** La lecture de la déposition écrite d'un témoin avant sa déposition orale constituerait une violation du dernier paragraphe de l'article 317, et donnerait ouverture à cassation ; mais la Cour, dans ce cas, pourrait annuler cette déposition et ordonner qu'elle serait recommencée oralement.

**128.** La violation de la prohibition d'interrompre le débat est une cause de nullité.

**129.** L'article 354 exige que le Ministère public soit toujours entendu sur la demande en renvoi, et ce à peine de nullité.

**130.** L'arrêt de la Cour d'Assises qui, en ordonnant le renvoi d'une affaire à une autre session, a anéanti la formation du tableau du Jury, est un arrêt définitif contre lequel le recours en cassation est recevable, avant même qu'il ait été statué sur le fond.

**131.** On ne peut renoncer ni au droit de récusation, ni couvrir par son adhésion la nullité résultant de ce que des jurés auraient communiqué. Si un juré communique, il y a nullité ; mais non dans le cas où un tiers ayant tenté de se mettre en communication avec un juré, ce dernier n'y a pris aucune part et le Président s'en étant aperçu a empêché qu'un échange de paroles eût lieu.

**132.** Les termes du discours et ceux de la prestation de serment des jurés sont sacramentels.

**133.** Est nul, par suite, le serment prêté *de dire rien que la vérité*, ou *de ne dire que la vérité*.

**134.** La prestation *individuelle* du serment est prescrite, à peine de nullité.

**135.** Si, avant la prestation de serment par les jurés, on faisait d'autres actes que ceux déterminés par les articles 310 et 311, ce serait une cause de nullité.

**136.** La liste des témoins qui doivent être entendus, soit à la requête du Ministère public, soit à la requête de l'accusé ou de la partie civile, ne doit contenir que les noms de ceux qui ont été régulièrement notifiés à qui de droit, mais elle doit les contenir tous.

**137.** Le président de la Cour d'Assises ne peut, à peine de nullité, entrer dans la chambre des jurés pour leur donner des explications, lorsque rien n'était que le Jury a provoqué ces éclaircissements.

**138.** Aux termes d e l'article 315 du Code d'Instruction criminelle, le Procureur général doit présenter la liste des témoins qu'il y a lieu d'entendre. Cette liste est lue à haute voix par le greffier. Avant de déposer, les témoins prêteront serment, à peine de nullité, lorsqu'ils auront été régulièrement cités et noitfiés.

**139.** Les témoins assignés à la requête de l'accusé doivent, quoique non compris sur la liste notifiée, être entendus sous serment, à peine de nullite, si le Ministère public a consenti à leur audition, ou ne s'y est pas opposé.

**140.** Ceux dont les noms ont été notifiés ne peuvent être entendus sans prêter serment, en vertu du pouvoir discrétionnaire, pour le motif qu'ils n'étaient pas porteurs de la citation à eux donnée.

**141.** Des témoins régulièrement cités par le Ministère public ne peuvent, à peine de nullite des débats, être entendus sans prestation de serment, en vertu du pouvoir discrétionnaire, si le Ministère public n'a pas renoncé à leurs audition. Il en serait autrement s'il était justifié que la citation donnée à la requête du Ministère public ne l'aurait été que sur un ordre du Président des assises.

**142.** Ceux qui sont portés sur la liste notifiée ne perdent pas cette qualité, par cela seul qu'ils n'avaient pas été présents à l'appel des témoins et que le Ministère public ou l'accusé auraient renoncé à leur audition. Ils ne peuvent donc être dispensés du serment et entendus en vertu du pouvoir discrétionnaire du Président, à peine de nullité des débats. Toute signification irrégulière ou tardive, de même que l'absence detoute notification, a seulement pour effet de donner à l'accusé ou au Procureur général le droit de s'opposer à l'audition du témoin cité. S'ils n'usent pas de ce droit, le témoin doit être entendu, à peine de nullité.

**143.** Le Président ne peut dispenser un témoin du serment, en vertu de son pouvoir discrétionnaire.

**144.** Il ne peut ordonner seul que le témoin sera entendu sans prestation de serment, en vertu de son pouvoir discrétionnaire, s'il y a opposition à l'audition de ce témoin.

**145.** La formule du serment écrite dans l'article 317 du Code d'instruction criminelle est sacramentelle, et l'omission des mots « parler sans haine et sans crainte » emporte nullité, sans qu'il puisse être suppléé à cette omission par l'énonciation du procès-verbal qui renvoie à l'article 317, pour les autres formalités prescrites par cet article.

**146.** L'audition d'un témoin, âgé de quinze ans révolus, sans prestation de serment, opère nullité, quand l'âge du témoin résulte des pièces de la procédure et d'un acte de naissance joint à ces pièces.

**147.** Mais aucune nullité n'est encourue si aucune pièce de la procédure, au moment des débats, ne désignait l'âge réel du témoin, et si, lorsqu'il a déclaré être âgé de moins de quinze ans, cette déclaration n'a été l'objet d'aucune contestation ou réclamation, soit de la part de l'accusé, soit de la part du Ministère public, car lorsque la Cour d'Assises n'a été mise en situation, ni de vérifier l'âge du témoin, ni de statuer sur une contestation relative à cet âge, la Cour de Cassation, en présence d'une déclaration précise et non contestée de l'âge du témoin, ne peut relever aucune violation de la loi.

**148.** Le serment doit être prêté, à peine de nullité, en présence du Ministère public, et les témoins acquis aux débats ne peuvent être dispensés du serment et entendus seulement à titre de renseignements, à peine de nullité, même du consentement des parties.

**149.** Les témoins ne peuvent, à peine de nullité, reconnaître des pièces de conviction, avant d'avoir prêté serment.

**150.** Les témoins à décharge, comme ceux à charge, doivent prêter serment, à peine de nullité, et le procès-verbal doit constater que les uns, comme les autres, ont prêté serment.

**151.** L'interversion serait une cause de nullité, et la défense ne serait pas complète, si après la plaidoirie du défenseur, un témoin avait été entendu en vertu du pouvoir discrétionnaire, sans que l'accusé, ou son conseil, ait été mis en demeure de s'expliquer sur cette nouvelle déposition.

**152.** Les témoins qui sont restés dans l'auditoire, pendant une partie des débats, doivent être entendus sous serment, à peine de nullité, surtout lorsque le Ministère public, ni l'accusé, n'ont renoncé à leur audition.

**153.** Lorsqu'il y a opposition de l'accusé, le Président ne peut décider seul qu'un témoin sera entendu sous serment. C'est à la Cour qu'il appartient de statuer.

**154.** Il y a nullité des débats, si l'audition de la partie civile comme témoin avec prestation de serment, a eu lieu, malgré l'opposition du Ministère public et de l'accusé.

**155.** Le témoin qui déclare être parent des accusés sans pouvoir dire à quel degré, ne doit pas être présumé l'être au degré prohibé, et doit être entendu sous serment, à peine de nullité.

**156.** Le témoin ne peut perdre cette qualité par le motif qu'il ne se serait présenté que dans le cours des débats. Il doit être entendu sous prestation de serment, à peine de nullité.

**157.** La Cour ne peut entendre sous serment un témoin dont le nom n'a pas été notifié, lorsque l'accusé s'oppose à son audition, à peine de nullité.

**158.** Et lorsque l'accusé s'oppose à l'audition des témoins dont la liste a été tardivement notifiée, ceux-ci ne peuvent être entendus qu'en vertu du pouvoir discrétionnaire du Président, à peine de nullité.

**159.** Le témoin régulièrement cité doit toujours être entendu, sous la foi du serment, même quand son nom aurait été omis dans la notification à l'accusé, si ce dernier ne s'est pas opposé formellement à son audition avec serment. N'équivaut pas à opposition le silence de l'accusé quand le Président appelle le témoin à déposer à titre de simple renseignement.

**160.** Le témoin cité à la requête du Ministère public et dont le nom a été notifié à l'accusé, en dehors des délais légaux, est réputé se présenter en exécution de la citation, et doit être entendu sous serment, si le Ministère public n'a pas renoncé à son audition et si l'accusé ne s'y est pas opposé. Le Président des assises excède son pouvoir discrétionnaire en ordonnant que ce témoin sera entendu à titre de renseignements et sans prestation de serment.

**161.** Les personnes lésées par un crime ou un délit doivent être entendues sous serment, à peine de nullité.

**162.** Il y a nullité des débats, si un témoin cité, âgé de quinze ans, est entendu sans prestation de serment, en la forme de simple déclaration.

**163.** La prohibition de l'article 322 s'applique à la déposition d'un enfant d'un premier lit du conjoint de l'accusé. Et la nullité résultant de ce qu'un tel témoin a été entendu, malgré l'opposition de l'accusé duquel il est l'allié, peut être invoquée non-seulement par cet accusé, mais encore par ses coaccusés.

**164.** Le Président et même la Cour ne peuvent, sans motif légitime, rejeter du procès un témoin produit par l'une des parties, le dispenser du serment et réduire son témoignage à la valeur d'un simple renseignement.

**165.** Un témoin régulièrement cité ne saurait être rayé de la liste, même du consentement du Ministère public ou de l'accusé, que par arrêt formel de la Cour d'Assises.

Lorsqu'il ne s'élève aucun débat contentieux sur l'opposition faite par une des parties de l'audition d'un témoin légalement incapable, le Président des Assises peut décider seul et sans l'intervention de la Cour, que ce témoin ne sera pas entendu. Il est évident d'ailleurs que le Président n'a de pouvoir qu'autant que, faisant droit à l'opposition, il élimine le témoin; s'il en décide autrement, s'il le retient aux débats, il excède ses attributions. En effet, admettre l'opposition en présence de l'accord des parties, ce n'est, en quelque sorte, qu'en donner acte et faire qu'elle ait toutes ses conséquences de droit, tandis que la rejeter, c'est la juger, et le Président n'a pas en lui seul le pouvoir juridictionnel.

**166.** La prohibition d'entendre comme témoins les enfants des accusés s'applique aux enfants naturels comme aux enfants légitimes et adoptifs. Elle s'étend même à la parenté naturelle dans la ligne collatérale.

**167.** La prohibition d'entendre les alliés s'étend au second mari de la mère de l'accusé, ainsi qu'aux enfants d'un premier lit de la femme ou du mari de l'accusé.

**168.** La prohibition résultant de l'alliance subsiste alors même que la personne qui l'avait produite est décédée sans enfant. Ainsi, l'individu veuf sans enfant de la sœur de l'accusé, ne peut être entendu comme témoin.

**169.** Les parents au degré prohibé ne peuvent être entendus en témoignage, soit en faveur, soit à la charge des coaccusés du même crime; mais il ne peut résulter aucun grief de ce que le père et la mère de l'un des accusés ont été entendus sous la foi du serment, lorsque ni l'accusé, ni le Ministère public ne se sont opposés à leur audition.

**170.** Le Président ne peut pas donner lecture de la déposition écrite d'un témoin, avant qu'il ait fait sa déposition orale.

**171.** On ne peut produire, en forme de preuves devant la Cour d'Assises, des déclarations écrites, à peine de nullité de l'instruction. Néanmoins, le Ministère public peut faire mention d'une déposition écrite à l'appui de l'accusation dans son réquisitoire.

**172.** Un témoin ne peut être autorisé à lire une déposition écrite à l'avance; il y aurait nullité si cette lecture avait eu lieu, malgré l'opposition de l'accusé.

**173.** Un temoin ne peut être autorisé, à peine de nullité, à conférer secrètement avec le défenseur de l'accusé ou avec toute personne, avant de compléter et de signer sa déposition, qui serait suspectée de faux témoignage.

**174.** Les avocats, les avoués et les médecins sont dispensés de déposer des faits qui sont à leur connaissance en leurs dites qualités, seulement dans les procès de leurs clients.

**175.** Les prêtres ne peuvent être tenus de déposer ni même être interrogés sur les révélations qu'ils ont reçues en confession, ni même sur les révélations faites hors de la confession, mais qui n'ont été déterminées que par le secret dû à cet acte de leur inviolabilité.

**176.** Le Maire, qui est chargé par le parquet de recueillir des renseignements sur l'état mental des inculpés, remplit les fonctions d'officier de police judiciaire. Il ne pourra, dans la même affaire, faire partie du jury de jugement.

**177.** L'individu porté comme témoin sur la liste notifiée, ne peut être entendu comme expert, sous prétexte que sa citation n'avait d'autre but que l'expertise pour laquelle il a été commis par la Cour, alors que ni le Ministère public, ni l'accusé, n'ont renoncé à ce qu'il fût entendu comme témoin.

**178.** Les variations dans les déclarations des témoins doivent être consignées au moment où elles se produisent. S'il n'y a pas de variations, il y a nullité lorsque le procès-verbal des débats fait mention des déclarations produites à l'audience et conformes à celles de l'information écrite.

**179.** Lorsque la mention du serment prêté par différents témoins contient dans le procès-verbal des débats des surcharges, des interlignes, des mots intercalés sans aucune approbation du Président et du greffier, il y a nullité, encore bien que l'une des intercalations ait été signée par l'avocat général.

**180.** Lorsque le greffier a dressé deux procès-verbaux distincts pour constater les formalités relatives à l'audition des témoins à deux audiences successives, la mention de la prestation de serment contenue dans le premier procès-verbal ne s'applique pas aux témoins entendus dans la seconde audience, et l'omission d'une telle mention dans le second procès-verbal est une cause de nullité.

**181.** Le Procureur général doit, à peine de nullité, faire connaître la qualité du dénonciateur avant qu'il soit admis à prêter serment.

**182.** Il y a nullité si l'on est témoin dans sa propre cause.

**183.** Le défaut de prestation de serment est une cause de nullité.

**184.** Il y a nullité si le témoin dit : *Je promets de parler, oui je le prom ᵗs.*

**185.** Si un témoin refusait de prêter le serment tel qu'il est formulé par la loi, on devrait le considérer comme ayant refusé le serment, et sa déposition ne devrait pas être reçue.

**186.** La Cour d'Assises n'est pas compétente pour statuer sur les réquisitions relatives à l'arrestation d'un témoin suspect de faux témoignage.

**187.** En matière criminelle, on ne doit point tenir note des dépositions des témoins, et ce à peine de nullité.

**188.** Il y a nullité, si l'on entend des témoins qui sont dans un cas d'indignité, d'incapacité ou d'incompatibilité.

**189.** Lorsque, au cours des débats d'une affaire, an témoin a été arrêté pour faux témoignage, il est loisible à la Cour d'Assises de continuer les débats de l'affaire commencée ; mais si elle renvoie l'affaire à une autre session, il faut, à peine de nullité, juger la question de faux témoignage avant l'affaire principale.

**190.** Lorsque le procès-verbal des débats ne contient pas la formule du serment prêté par les témoins, et se borne, pour l'indication de cette formule, à renvoyer à des articles du Code qui sont étrangers au serment de ces témoins, il y nullité des débats.

**191.** Les dispositions de l'article 322 du Code d'instruction criminelle sont prescrites, à peine de nullité, à moins toutefois que soit le Procureur général, soit la partie civile, soit la partie des accusés, ne se soient pas opposés à l'audition des personnes désignées dans cet article.

**192.** Il y a nullité, si les témoins ne déposent pas oralement.

**193.** Il y a nullité, si le témoin lisait sa déposition, ou s'il consultait, en déposant, des notes qu'il aurait préparées pour aider sa mémoire.

**194.** Il y a nullité, si, sauf l'exception de l'article 318, il est fait mention au procès-verbal des déclarations des témoins.

**195.** Il y a nullité, si les déclarations écrites des témoins sont remises aux jurés.

**196.** Les témoins doivent, à peine de nullité, prêter serment de parler sans haine et sans crainte.

**197.** Les magistrats chargés de faire respecter la loi ne peuvent, dans aucun cas et pour aucun motif, rien faire ni rien permettre qui tendent à neutraliser l'effet de la prestation de serment.

**198.** En principe, la prestation de serment par un individu appelé pour donner des renseignements, est une cause de nullité. Elle ne peut être couverte par toutes les parties en cause, quand il s'agit d'un individu frappé d'une incapacité absolue d'être témoin. Dans les autres cas, le défaut de notification est couvert par la non-opposition.

**199.** Il y a nullité, lorsqu'un témoin notifié à l'accusé, à l'audition duquel ni l'accusé ni le Ministère public n'avaient renoncé, a été entendu sous prestation de serment, à titre de simple renseignement, comme ayant subi une condamnation à treize mois d'emprisonnement pour vol, alors que l'incapacité contre lui prononcée accessoirement, dans les termes de l'article 42 du Code Pénal, avait pris fin depuis plusieurs années.

**200.** Lorsque l'accusé aura proposé pour excuse un fait admis comme tel par la loi, le Président devra, à peine de nullité, poser la question ainsi qu'il suit : *Tel fait est-il constant ?*

**201.** Il y a nullité, si, lorsqu'il s'agit d'un fait d'excuse admis par la loi, le Jury n'est pas interrogé sur ce fait, lorsque l'accusé le demande.

**202.** La question d'excuse légale doit faire l'objet d'une question distincte, sur laquelle le Jury doit délibérer séparément, à peine de nullité.

**203.** Si le fait d'excuse se rattache à plusieurs chefs d'accusation, il doit être posé autant de questions d'excuse qu'il y a de chefs. Il y a vice de complexité lorsqu'une seule question d'excuse est posée pour plusieurs chefs.

**204.** La Cour d'Assises ne peut refuser de poser les questions d'excuse légale, sous prétexte qu'elles ne résultent pas des débats.

**205.** Les jurés ne peuvent prononcer que sur le fait matériel proposé comme excuse. Ils n'ont aucune qualité pour décider d'une manière générale si le crime est excusable, ni même si le fait proposé comme excuse est admis comme tel par la loi.

**206.** Cette appréciation, en droit, n'appartient qu'à la Cour.

**207.** Dans une accusation de séquestration, les circonstances qu'antérieurement aux poursuites l'accusé aurait rendu à la liberté la personne séquestrée avant le dixième jour, constatent un fait d'excuse sur lequel le Jury doit être interogé, à peine de nullité. Il en en est de même dans une accusation d'émission de fausse monnaie, de la circonstance que l'accusé aurait reçu les pièces pour bonnes.

**208.** La Cour ne peut laisser cette question sans réponse, à peine de nullité, non-seulement des questions sur l'accusation d'émission résolues affirmativement, mais encore de celles sur la fabrication de fausse monnaie résolues négativement.

**209.** La Cour ne peut, dans une accusation de meurtre, refuser de poser au Jury la question d'excuse résultant d'une provocation par des coups ou violences graves, lorsqu'elle a été formellement proposée par l'accusé.

**210.** Est nul l'arrêt qui refuse de poser au Jury, au profit d'un fonctionnaire accusé de meurtre, une question sur l'excuse particulière de l'article 186 du Code Pénal, du motif légitime et bien distinct de l'excuse péremptoire de la légitime défense, ou de l'excuse atténuante de la provocation.

**211.** La Cour d'Assises ne peut, en posant une question d'excuse, exprimer son opinion sur les faits qui lui servent de base, et influencer ainsi l'appréciation du Jury.

**212.** Au cas d'accusation de meurtre ou de coups et blessures, l'excuse tirée du fait de coups et violences graves sur la personne de l'accusé doit, si celui-ci le requiert, faire l'objet d'une question au Jury.

**213.** Au cas d'accusation de meurtre ou de coups et blessures envers les agents de la force publique dans l'exercice ou à l'occasion de leurs fonctions, la Cour d'Assises ne peut refuser de poser subsidiairement la question de provocation pour le cas de réponse négative, relativement à la circonstance aggravante d'exercice des fonctions.

**214.** Au cas d'accusation de fausse monnaie, il doit être posé une question au Jury, à l'égard de l'excuse fondée sur ce que l'accusé aurait procuré l'arrestation d'un de ses coaccusés.

**215.** L'exception prise de ce que l'accusé d'émission de fausses monnaies les aurait reçues pour bonnes est aussi un fait d'excuse admis par la loi; la Cour d'Assises ne peut, si l'accusé le requiert, refuser de poser à cet égard une question au Jury.

**216.** De même, au cas d'accusation d'introduction en France et d'exposition de monnaies contrefaites ou altérées.

**217.** Une excuse se rattachant à plusieurs chefs d'accusation doit, comme chaque chef principal, être l'objet d'une question distincte et séparée au Jury. Ainsi, au cas d'accusation d'émission de fausse monnaie, la question de savoir si l'accusé avait reçu pour bonnes les pièces par lui émises, doit être posée au Jury d'une manière séparée pour chacun des faits d'émisssion. Il y a nullité, si une seule question a été posée pour les divers faits.

**218.** La reconnaissance des pièces de conviction par un témoin fait partie essentielle de sa déposition, et ne peut avoir lieu que sous la foi du serment, à peine de nullité.

**219.** Lorsqu'il s'agit d'une pièce nouvelle apportée dans les débats et jointe à la procédure, il y a nullité si cette pièce n'est pas représentée à l'accusé.

**220.** Lorsqu'un individu, non assigné comme témoin ni appelé en vertu du pouvoir discrétionaire du Président, a été admis à déposer une pièce qui a été jointe au dossier et remise aux jurés, sans avoir été paraphée ni par le greffier ni par l'accusé, et sans que celui-ci ait été mis à même de la discuter, il y a violation du droit de la défense et nullité des débats et de l'arrêt.

**221.** Il y aurait nullité, si, sur la demande de l'accusé, le Président ne lui représentait pas les pièces de conviction.

**222.** L'article 329 du Code d'Instruction criminelle, qui ordonne que les pièces à conviction seront représentées à l'accusé, n'édicte pas cette prescription, à peine de nullité; elle ne saurait être prononcée, lorsque la représentation de ces pièces n'est requise ni par l'accusé, ni par son défenseur.

**223.** Les experts nommés par la Cour d'Assises pour procéder à une vérification, doivent, à peine de nullité, prêter le serment prescrit par l'article 44 du Code d'Instruction criminelle, avant de commencer leurs opérations; il ne suffirait pas qu'ils le prêtassent au moment de rendre compte de leurs opérations à la Cour. Aucune dispense des parties ne couvre cette nullité.

**224.** La formule du serment est sacramentelle et ne peut être remplacée par des équivalents.

**225.** Le serment doit être renouvelé par chaque expertise dont l'expert se trouve successivement chargé.

**226.** Le médecin qui, après avoir été entendu comme témoin, est chargé d'une expertise, doit prêter le serment prescrit par l'article 44 du Code d'Instruction criminelle, bien qu'il ait déjà prêté le serment prescrit par l'article 317.

**227.** Les experts appelés aux débats, en qualité de témoins, pour rendre compte de leurs opérations antérieures et répondre aux questions qui leur seraient adressées comme s'y rattachant, doivent, à peine de nullité, et alors même que les exploits de citation et de notification visent leur qualité d'experts, prêter le serment prescrit par l'article 317, sauf à prêter, en outre, celui de l'article 44, si, au cours des débats, ils viennent à être chargés d'une expertise nouvelle.

**228.** De même pour les médecins cités aux débats, par le Ministère public, pour rendre compte des opérations dont ils avaient été chargés pendant l'instruction.

**229.** Un expert appelé comme témoin pour donner

des explications sur les faits par lui constatés dans un rapport écrit, peut faire usage de notes pour rappeler ses souvenirs, alors qu'il n'y a pas opposition des parties. Il y aurait nullité, si un témoin faisait une lecture, malgré l'opposition de l'accusé.

**230.** L'accusé qui ne sait pas parler la langue française doit être assisté d'un interprète, à peine de nullité, lors de la formation du tableau des douze jurés.

**231.** Le Président de la Cour d'Assises ne peut faire office d'interprète, lorsque le besoin s'en fait sentir, quand même l'accusé y consentirait; l'article 332 du Code d'Instruction criminelle lui fait un devoir d'en nommer un et de lui faire prêter serment. Le procès-verbal des débats doit constater cette prestation de serment, et le Président est obligé de faire transmettre aux témoins, par l'interprète, la formule du serment verbalement et en français. Il y a nullité, si cette formule a été transmise par écrit. Une simple promesse de *bien et fidèlement s'acquitter*, serait insuffisante.

**232.** Les infirmités morales ou physiques d'un accusé ou d'un témoin peuvent révéler la nécessité de le faire assister d'un interprète. Mais celui qui est appelé à remplir le ministère d'interprète *ne peut être entendu comme témoin*, même à titre de renseignements, à peine de nullité à moins que ce témoin ait été choisi pour interprète, après avoir déposé. Dans ce cas, le procès-verbal des débats en fait mention. Il dépose après avoir prêté serment comme témoin, et prête un nouveau serment comme expert, d'après la formule de l'article 332.

**233.** L'omission des noms de l'interprète est une cause de nullité, lorsque l'accusé soutient qu'il était l'un des témoins assignés, et le silence du procès-verbal des débats sur le nom et la qualité de l'interprète, emporte nullité, lorsqu'il est allégué par l'accusé que cet interprète a été choisi parmi les témoins, contrairement à la prohibition de l'article 332 du Code d'Instruction criminelle.

**234.** Les assesseurs musulmans près les Cours d'Assises d'Algérie, ne faisant plus partie de ces Cours, peuvent être désignés comme interprètes ; mais ils doivent prêter le serment de l'article 332. Il n'existe pour eux d'autre formule de serment que celle de cet article. D'ailleurs, les termes n'en sont point sacramentels, et la simple constatation du serment fait présumer qu'il a été prêté dans ces termes.

**235.** L'existence d'un corps spécial d'interprètes judiciaires pour l'Algérie n'empêche pas la désignation de toute autre personne ayant l'âge requis. Le fait même de cette désignation indique un empêchement quelconque de l'interprète titulaire.

**236.** Il y a nullité, lorsque le procès-verbal établit que l'interprète a omis de traduire à l'accusé les déclarations émises par un témoin sur l'interpellation du Président, comme aussi lorsque l'interprète ne traduit pas à l'accusé la déclaration du Jury, la réquisition du Ministère public relativement à l'application de la peine et l'avertissement qui met en demeure d'y répondre.

**237.** On doit, à peine de nullité, donner lecture des questions et des réponses écrites, lorsque l'accusé est sourd-muet, ou bien sourd et non muet, ou bien muet et non sourd.

**238.** L'interprète doit, à peine de nullité, être nommé

dès la formation du tableau des douze jurés, à moins toutefois que la nécessité de la nomination d'un interprète n'ait été reconnue que plus tard.

**239.** Il y aurait nullité, si l'interprète avait omis de traduire une partie quelconque des débats.

**240.** Il doit aussi, à peine de nullité, donner connaissance à l'accusé de la position des questions, du verdict du Jury, des réquisitions prises et des débats qui peuvent s'élever à l'occasion de ce verdict, de la décision qui intervient de ce verdict.

**241.** La nomination d'un interprète est d'une nécessité absolue ; le consentement de l'accusé ne saurait couvrir la nullité résultant du défaut de nomination.

**242.** Il faut, à peine de nullité, que l'interprète soit sinon majeur, du moins qu'il ait l'âge requis pour prêter serment.

**243.** L'interprète doit, à peine de nullité, prêter serment de traduire fidèlement les discours à transmettre entre ceux qui parlent des langues différentes. Toute formule de serment est sacramentelle.

**244.** La qualité de partie civile doit, à peine de déchéance, être prise avant la clôture des débats.

**245.** L'avocat de la partie civile ne peut donner lecture de la déposition écrite d'un témoin non entendu aux débats.

**246.** La lecture, par le Président des assises, de la déposition écrite d'un témoin, avant qu'il ait fait sa déposition orale, entraîne nullité, encore bien que cette lecture ait été faite en l'absence du témoin, et que ce témoin n'ait été entendu plus tard qu'à titre de simple renseignement, en vertu du pouvoir discrétionnaire.

**247.** La violation des droits de la défense est; malgré le silence de la loi, une cause de nullité. Cette nullité ne serait pas couverte, parce que l'accusé aurait expressément renoncé à s'en prévaloir.

**248.** Si l'on mettait obstacle au droit de répliquer, il y aurait nullité.

**249.** La Cour d'Assises doit, à peine de nullité, statuer sur les conclusions du défenseur, qui demande à ce que le droit de la défense soit protégé.

**250.** L'accusé, sous peine de nullité, doit être interrogé pour savoir s'il n'a rien à ajouter à sa défense. Cette interpellation est substantielle. Son omission est une cause de nullité, à moins que le minimum de la peine ait été appliqué; on doit le constater au procès-verbal.

**251.** L'accusé doit être pourvu d'un défenseur, et ce, à peine de nullité.

**252.** Le Président doit désigner sur-le-champ un défenseur à l'accusé, à peine de nullité de tout ce qui s'ensuivra.

**253.** Après l'interrogatoire, le conseil a le droit de communiquer avec l'accusé. La violation de ce droit emporterait nullité.

**254.** Pour l'application de la peine la plus forte qui, en cas de conviction de plusieurs crimes ou délits, doit seule être prononcée, il faut considérer non-seulement le maximum, mais encore le minimum de chacune des peines encourues; en sorte que si le minimum de la peine la plus forte (quant au maximum) est moins élevé que celui de la peine la plus faible, la première de ces peines ne peut être appliquée dans une proportion inférieure au maximum de la dernière.

**255.** En cas de conviction d'un crime entraînant la réclusion et l'amende, et d'un autre crime entraînant les travaux forcés à perpétuité, cette dernière peine doit être seule prononcée. Il y a lieu à cassation par voie *de retranchement seulement, et sans renvoi,* de l'arrêt qui y ajoute la peine de l'amende applicable au crime moindre.

**256.** C'est illégalement que, en cas de détournement qualifié, une Cour d'Assises ajoute a la peine de la réclusion, édictée par l'article 408, paragraphe 2, du Code Pénal, celle de l'amende. Mais la peine de la réclusion étant d'ailleurs justifiée, il y a simplement lieu à cassation par retranchement et sans renvoi.

**257.** L'accusé acquitté ne peut être condamné à rembourser à la partie civile les frais dont elle est tenue envers l'État, à moins que la Cour, par arrêt motivé, ne prononce cette condamnation, à titre dommages-intérêts.

**258.** Est nulle la déclaration d'acquittement prononcée par la Cour d'Assises et non par le Président seul.

**259.** Aux termes de l'article 46 de la loi du 23 janvier 1874, lorsqu'un arrêt ne contient pas dispense de la surveillance de la haute police, il faut qu'il en soit délibéré et que mention en soit faite dans l'arrêt, à peine de nullité.

**260.** Cette délibération spéciale doit avoir lieu, lors même que, par l'effet d'une condamnation antérieure, l'accusé serait déjà soumis à la surveillance. Mais la délibération spéciale ne s'applique qu'au cas où la surveillance est la conséquence légale d'une condamnation à une peine afflictive et infamante.

**261.** La Cour d'Assises ne peut, en prononçant la peine des travaux forcés à temps, dire qu'il n'y a lieu de

2.

statuer sur la peine accessoire de la surveillance, attendu que, par suite d'une condamnation antérieure, l'accusé se trouve déjà en surveillance pour la vie. Cet arrêt ne renfermant pas dispense ou réduction expresse de la surveillance, l'accusé serait de plein droit, sous la surveillance pendant vingt ans, alors même que la première condamnation lui serait remise par voie de grâce. Il a donc intérêt à demander l'annulation et le renvoi devant une autre Cour d'Assises, pour y être délibéré spécialement sur la surveillance conformément à l'article 47 du Code Pénal. Dans ce cas, l'arrêt est annulé, mais seulement dans sa disposition relative à la surveillance, le surplus des condamnations tenant effet.

**262.** Le Code Pénal métropolitain, y compris les articles 44 et 48, modifiés par la loi du 23 janvier 1874, a été rendu applicable à l'île de la Réunion, en vertu de la loi du 22 décembre 1876 ; il faut donc dans cette île, comme en France, sur le continent, une délibération spéciale lorsqu'un arrêt ne contient ni dispense, ni réduction de la surveillance de la haute police.

**263.** Est nul l'arrêt qui détermine la durée de la contrainte, sans avoir prélablaement déterminé le montant des condamnations pécuniaires, à moins qu'il ne soit douteux, sur le vu des pièces, que les frais dépasseront 300 francs.

**264.** Il doit, à peine de nullité, être prononcé en audience publique, d'après la règle posée dans l'article 7 de la loi du 20 avril 1810.

**265.** L'arrêt de la Cour d'Assises qui, en prononçant une peine perpétuelle, fixe néanmoins la durée de la contrainte par corps pour le recouvrement des frais, doit être annulé quant à cette dernière disposition et sans renvoi.

**266.** Le Président doit, à peine de nullité, donner l'avertissement relatif aux circonstances atténuantes. Mais la nullité serait couverte si le Jury déclarait qu'il existe des circonstances atténuantes, ou si le fait dont l'accusé est reconnu coupable ne constituait qu'un délit. Dans ces deux cas, en effet, l'omission n'auraitca usé aucun préjudice à l'accusé.

**267.** De même, si le Jury disait : Il y a des circonstances, sans mettre « atténuantes ». Il suffirait que la Cour, dans ce cas, les appliquât.

**268.** Il y aurait violation de la loi, de la part du Président des assises, qui, à raison d'autres crimes réprimés par des lois spéciales et non par le Code Pénal, déclarerait au Jury qu'il n'a pas à délibérer sur l'existence des circonstances atténuantes.

**269.** La loi prohibe, à peine de nullité, non-seulement les procès-verbaux imprimés, mais encore ceux qui sont écrits à l'avance.

**270.** Le procès-verbal des débats doit constater, à peine de nullité, que le résumé a été fait.

**271.** Il doit faire mention de la décision intervenue, et être, à peine de nullité, signé par le greffier.

**272.** Lorsque, dans une affaire ayant occupé plusieurs audiences de la Cour d'Assises, le greffier a dressé un procès-verbal distinct pour chacune de ces audiences, l'omission de sa signature au bas de l'un d'eux suffit pour entraîner nullité, sans que cette omission puisse être considérée comme réparée par les signatures régulièrement apposées au bas du procès-verbal de la dernière audience.

**273.** Il en est de même de l'absence de la signature du Président, et ce, alors même que les différents procès-verbaux auraient été inscrits, à la suite l'un de l'autre, sur une même feuille. Le greffier, en pareil cas, est condamné à l'amende.

**274.** Il y a infraction à la prohibition de faire mention des réponses de l'accusé dans le procès-verbal des débats, et par suite nullité, lorsqu'il est dit que, sur l'interpellation du Président relative à l'application de la peine, *l'accusé a protesté de son innocence.*

**275.** De même, lorsqu'il est dit que l'accusé a fait *l'aveu de son crime.*

**276.** De même, lorsqu'il est dit qu'un accusé a déclaré que son coaccusé n'est point coupable, et que seul il *a fait le coup.*

**277.** Il y a nullité, si le procès-verbal est signé par un commis greffier, lorsque le greffier seul est annoncé présent.

**278.** Le procès-verbal des débats doit, à peine de nullité, être signé par le Président.

**279.** La disposition de l'article 372, qui prohibe, sous peine de nullité, les procès-verbaux imprimés, s'applique aux procès-verbaux rédigés et écrits à l'avance.

**280.** Il y a nullité, si le procès-verbal mentionne des déclarations faites par un accusé, alors même que ces déclarations ont été spontanées, lorsqu'aucun incident n'a rendu cette mention nécessaire.

**281.** Il y a nullité, si le procès-verbal contient la substance de dépositions de témoins qui n'ont pas été entendus dans l'instruction écrite, ce fait ne rentrant pas dans la disposition de l'article 318.

**282.** La constatation au procès-verbal des débats que le Jury a été averti qu'il devait voter *au scrutin*, sans que le procès-verbal ajoute *secret*, est insuffisante.

**283.** Il y a nullité, lorsque le procès-verbal des débats ne constate pas que la déclaration du Jury a été lue en présence de l'accusé. Cette formalité est substantielle.

**284.** Si les procès-verbaux distincts, clos et signés, ont été dressés pour chaque audience, la constatation faite pour une première audience du serment prêté par les témoins, ne saurait avoir effet pour la seconde.

**285.** Le procès-verbal des débats ne peut, à peine de nullité, mentionner la substance de dépositions de témoins non entendus dans l'instruction écrite.

**286.** Non plus que de dépositions de témoins entendus dans les débats, lorsque cette mention a pour but, non pas de constater des variations, changements ou additions dans les dépositions de ces témoins, ni de motiver un arrêt incident, mais uniquement de constater des renseignements obtenus sur l'état mental de l'accusé.

**287.** Comme aussi il y a nullité, lorsque le procès-verbal contient la mention, soit des réponses de l'accusé, soit des dépositons des témoins, sans indiquer que cette mention ait été nécessitée par des variations, changements ou additions dans ces dépositions.

**288.** Le procès-verbal doit aussi énoncer que le serment a été prêté dans les termes prescrits par l'article 317. Il ne suffit pas qu'il énonce que les témoins ont prêté serment.

**389.** Lorsque le procès-verbal des débats ne contient

pas la formule du serment prêté par les témoins et se borne, pour l'indication de cette formule, à renvoyer à des articles du Code qui sont étrangers aux serments de ces témoins, il y a nullité des débats.

**290.** Les dispositions de l'article 372 du Code d'Instruction criminelle doivent être exécutées, à peine de nullité.

**291.** L'article 372 du Code d'Instruction criminelle qui prescrit au greffier de la Cour d'Assises de dresser un procès-verbal des débats et, à peine de nullité, de le signer avec le Président, est également applicable au procès-verbal du tirage du Jury. L'omission de l'une ou de l'autre de cès signatures spécialement, celle du greffier, sur le procès-verbal de tirage du Jury, entraîne, dès lors, la nullité de toute la procédure, et, par voie de conséquence, aux termes impératifs du troisième paragraphe de l'article 372, le greffier qui a assisté à l'audience doit être condamné à l'amende de 500 francs.

**292.** Le procès-verbal des débats doit, à peine de nullité, être signé par le greffier. C'est une formalité substantielle.

**293.** Est nul le procès-verbal de formation du Jury non signé par le greffier qui a assisté à l'opération Cette nullité entraîne celle des débats, du verdict et de l'arrêt. Et il y a lieu de condamner le greffier, dans ce cas, à l'amende de 500 francs, prévue par l'article 372. La signature du Président et celle du greffier sont indispensables pour imprimer au procès-verbal de la formation du Jury de de jugement le caractère de la certitude et de l'authenticité.

**294.** Il y a lieu de condamner solidairement aux frais,

parmi les individus condamnés par la même décision judiciaire, ceux qui l'ont été pour le même crime ou délit ou pour crimes et délits connexes.

**295.** Il y a nullité lorsque la Cour d'Assises laisse à la charge de la régie, partie civile, les frais faits contre les accusés acquittés. L'amnistie effaçant la criminalité du fait lui-même, les condamnations amnistiées ne peuvent servir de base à l'application de la récidive.

**296.** Dans une accusation de meurtre, lorsque le Jury, interrogé sur les points suivants :

1° L'accusé a-t-il commis un meurtre? 2° est-il coupable d'avoir fait des blessures et porté des coups à un tiers? a répondu négativement sur la première question, affirmativement sur la seconde, il y a lieu de prononcer l'annulation des débats et de l'arrêt de condamnation, le Jury n'ayant pas été mis en demeure, quant à la seconde question, de s'expliquer sur l'élément essentiel et caracteristique de la criminalité du fait, la volonté.

**297.** Lorsque le Jury a répondu négativement à une question de meurtre et affirmativement sur une question subsidiaire de coups et blessures posée aux débats et que, par suite du défaut d'interrogation sur l'intention criminelle, il y a lieu d'annuler cette dernière réponse, l'accusation doit être renvoyée à de nouveaux débats, alors que le caractère affirmatif de la réponse du Jury impliquait nécessairement l'intention coupable de l'accusé, et que le Président avait posé la question comme se référant à des coups et blessures volontaires.

**298.** Lorsqu'un Jury est interrogé sur le point de savoir : 1° si l'accusé a contrefait une monnaie ayant cours légal; 2° s'il est coupable d'émission de monnaie fausse, et qu'il répond négativement sur la première question et affirmativement sur la seconde; cette seconde question est nulle, le Jury n'ayant point été interrogé sur la connaissance que l'accusé pouvait avoir de la fausseté des pièces émises.

**299.** Lorsque le Jury a répondu affirmativement sur une question résultant des débats, mais qui doit être considérée comme nulle et non avenue, et négativement sur la seule question posée régulièrement, l'accusé a purgé l'accusation, et par conséquent la cassation doit être purgée sans renvoi, sauf au Ministère public à intenter de nouvelles poursuites, s'il y a lieu.

**300.** Lorsque deux individus sont accusés d'un même fait de soustraction frauduleuse avec les circonstances de maison habitée, réunion de deux personnes et effraction extérieure et escalade, il y a contradiction dans les réponses du Jury, qui, reconnaissant pour les deux accusés l'existence du vol et les circonstances de maison habitée et de réunion, n'affirment que pour l'un et nient pour l'autre, celle d'effraction extérieure et d'escalade. Dans ce cas, le Jury doit être renvoyé dans la chambre de ses délibératioes.

**301.** Malgré le silence de la loi, il faut, à peine de nullité, qu'il soit dressé un procès-verbal du tirage du Jury.

**302.** La signature du greffier au procès-verbal de la formation du Jury de jugement est une formalité substantielle.

**303.** Le procès-verbal du tirage du Jury doit, à peine de nullité, être signé par le Président et le greffier.

**304.** Les formalités qui ne sont pas déclarées dans le procès-verbal des débats sont présumées de droit avoir été omises, et lorsque ces formalités se réfèrent à l'exercice du droit de légitime défense, leur omission constiutue une nullité.

**305.** Dans le cas où la surveillance de la haute police est attachée de plein droit à une condamnation pénale, mention doit être faite, à peine de nullité, qu'il a été délibéré, d'une manière spéciale, sur la dispense ou réduction de surveillance. Sont insuffisantes la mention d'une délibération générale et la référence aux articles susvisés, alors même que l'article 46 du Code Pénal a été cité dans l'arrêt.

**306.** Serait d'ailleurs inopérante, de même qu'elle serait illégale et préjudiciable au condamné, la simple déclaration qu'il n'y a pas lieu de lui infliger la peine de la surveillance, par le motif qu'il se trouve déjà en surveillance à vie par l'effet d'une condamnation antérieure.

**307.** Doit être annulé *parte in quâ*, l'arrêt qui, en prononçant la peine des travaux forcés, de la détention ou de la réclusion, ne contient ni dispense ni réduction de la surveillance, ni mention qu'il en a été délibéré.

**308.** Le procès-verbal des débats doit constater, à peine de nullité, non-seulement que la déclaration du Jury a été signée par le chef et remise par lui au Président, en présence des Jurés, mais aussi que le Président a signé cette déclaration et l'a fait signer par le greffier, avant qu'il en ait été donné lecture à l'accusé.

**309.** La déclaration du Jury doit être lue, à peine de nullité, par le greffier à l'accusé.

**310.** Le procès-verbal du tirage du Jury doit, à peine de nullité, constater les noms des douze jurés composant le Jury de jugement.

**311.** Le Maire, chargé en cette qualité de recueillir des informations dans une affaire criminelle, remplit les fonctions d'officier de police judiciaire, et ne peut faire partie du Jury de jugement.

**312.** Il y a contradiction dans les réponses du Jury lorsqu'il déclare un accusé coupable d'un vol avec escalade, et répond négativement à la circonstance d'escalade pour les deux coaccusés.

**313.** La lecture du verdict du Jury, par le chef du Jury dans la forme indiquée par l'article 348 du Code d'Instruction criminelle, est une formalité substantielle prescrite, à peine de nullité.

**314.** La réponse négative à une question d'excuse doit constater qu'elle est prise à la majorité. Dans les questions d'excuses le Jury doit répondre : Non *à la majorité*, au lieu de répondre purement et simplement : *Non*. En l'absence de cette indication, il y a nullité de la réponse sur ce chef et sur le chef principal.

**315.** Après la condamnation prononcée, la Cour d'Assises peut repousser une enquête demandée sur le fait de l'introduction d'une personne dans la chambre des délibérations du Jury (par exemple un gendarme) en se fondant sur le silence gardé par le Jury sur le fait et sur l'impossibilité de rouvrir un débat définitivement clos.

**316.** La présence de deux jurés du même nom dans la liste du Jury de jugement, alors qu'un seul figure dans la liste notifiée aux accusés, en vicie la composition.

**317.** Les circonstances d'effraction et de maison habitée, sont indépendantes l'une de l'autre, et il n'y a pas lieu de renvoyer le Jury dans la chambre des délibérations, sur le prétexte d'une contradiction, quand il répond affirmativement à l'une et négativement à l'autre. La question relative à la circonstance d'effraction doit contenir l'indication du lieu.

**318.** Il y a nullité, si la question de discernement n'est pas posée, lors même que l'accusé ne le demande pas.

**319.** Il y a nullité prononcée par l'article 340 du Code d'Instruction criminelle, quoique l'accusé, âgé de moins de seize ans, n'ait pas fourni devant la Cour d'Assises la preuve de son âge.

**320.** La loi veut que les questions soient posées au Jury en ces termes : *L'accusé est-il coupable d'avoir.....* Cette formalité est substantielle.

**321.** Les surcharges présentent les mêmes inconvénients que les ratures, les renvois et les interlignes; elles sont, par conséquent, formellement prohibées. Le mot *surchargeant* et le mot *surchargé* sont nuls. Une surcharge ne peut jamais être approuvée.

**322.** Est nulle la réponse affirmative du Jury sur une question de concomitance d'un crime de meurtre et d'un crime de vol, lorsque le numéro qui indique la référence à la question relative au vol a été surchargé ou raturé sans approbation.

**323.** L'approbation et la signature du chef du Jury, du Président et du greffier doivent se trouver au pied de chaque rature, interligne et renvoi.

**324.** Les déclarations du Jury ne sont valables qu'autant qu'elles sont signées par le chef du Jury.

**325.** La lectture du verdict doit être faite publiquement, à peine de nullité.

**326.** L'absence de l'un des jurés lors de la lecture du verdict est une cause de nullité.

**327.** La présence de la Cour d'Assisses et du Ministère public est essentielle, non celle du défenseur.

**328.** La lecture ne peut être faite que par le chef du Jury, à peine de nullité. Si le chef du Jury est empêché, les jurés en choisissent un autre.

**329.** Le verdict du Jury doit être écrit, à peine de nullité; dans la chambre des jurés.

**330.** Le verdict doit, à peine de nullité, constater que les déclarations du Jury contre l'accusé, ainsi que la déclaration qui constate l'existence de circonstances atténuantes, ont été rendues à la majorité déterminée par la loi.

**331.** Le procès-verbal de la déclaration du Jury doit constater, à peine de nullité, que la décision contre l'accusé a été prise à la majorité. A défaut de cette constatation, il y a lieu d'annuler tant la déclaration du Jury que l'arrêt de condamnation et les débats, à partir de la notification de l'arrêt de renvoi et de l'acte d'accusation, mais seulement quant à la question à l'égard de laquelle l'existence de la majorité n'a pas été énoncée.

**332.** Le verdict doit être signé, à peine de nullité, par le chef du Jury.

**333.** La signature du verdict doit être donnée par le chef du Jury, en présence de tous les jurés, à peine de nullité.

**334.** Le défaut d'approbation d'une interligne ou d'un renvoi, l'existence d'une surcharge sont une cause de nullité, lorsque les énonciations qui font l'objet de la surcharge de l'interligne ou du renvoi, sont essentielles pour la validité du verdict, et que le défaut d'approbation d'une rature laisse subsister une déclaration de nature à vicier le verdict.

**335.** Lorsque dans le procès-verbal de tirage du Jury de jugement plusieurs lettres du nom d'un juré sont écrites en surcharge, sans approbation et de manière à laisser des doutes sur l'identité de ce juré, les débats doivent être annulés; et le greffier, à raison de la faute grave, doit être condamné aux frais de la procédure à recommencer. La constitution légale du Jury de jugement étant une condition essentielle de la validité des débats qui la suivent, cette constitution doit être régulièrement constatée.

**336.** Il est défendu, sous peine de nullité, de remettre aux jurés des documents qui n'auraient pas été discutés pendant le débat oral. L'article 343 n'est point sanctionné de nullité. Mais si de sa violation il résultait que les jurés ont communiqué sur l'affaire, la nullité serait encourue.

Les accusés évadés depuis l'ouverture des débats sont des contumax, et la Cour doit disjoindre leur cause d'avec celle des accusés présents, pour que la procédure contumaciale puisse être ouverte contre eux.

**337.** Chaque juré ne peut individuellement réformer le vote qu'il a donné; mais le Jury peut cependant, tant qu'il est dans la chambre de ses délibérations, annuler sa déclaration et procéder de nouveau au vote. Il faut pour cela que le Jury tout entier y consente; car la majorité du Jury ne pourrait contraindre à voter une seconde fois

3

le juré, qui, en votant une première, accompli l'obligation qui lui était imposée.

**338.** A peine de nullité, le Président et le greffier doivent signer le verdict.

**339.** Il y a présomption que le verdict n'a pas été signé dans les conditions et au moment exigé par la loi, si le procès-verbal ne le constate, encore que les signatures requises existent au bas du verdict. Il doit être signé par le chef du Jury, en présence des jurés, par le Président et le greffier avant la lecture. Lorsque cette formalité n'est pas constatée par le procès-verbal il y a nullité, tant des débats que de l'arrêt.

**340.** La lecture du verdict à l'accusé est une formalité substantielle.

Cette nullité n'est pas couverte par l'interpellation du Président sur l'application de la peine.

**341.** Le renvoi du Jury dans la chambre de ses délibérations quand le verdict est régulier, constitue une violation de l'article 350 et donne par conséquent ouverture à cassation.

**342.** C'est à la Cour d'Assises et non au Président à renvoyer les jurés dans la chambre de leurs délibérations, pour rectifier les irrégularités de leurs déclarations.

**343.** Il y a excès de pouvoir et par suite nullité lorsque c'est le Président seul qui a ordonné ce renvoi, encore bien que le Ministère public et la défense y aient consenti expressément ou tacitement.

**344.** Il y aurait nullité, si le Président faisait apercevoir aux jurés les conséquences de leur verdict. Ce serait une provocation à violer l'article 342.

**345.** La réponse du Jury ne doit rien contenir qui ne se trouve compris dans la question; mais elle peut contenir tout ce que la question comprend implicitement. Ainsi, à cette question : L'accusé est-il coupable de meurtre? le Jury ne peut pas répondre que tel fait d'excuse est constant.

**346.** Les questions ne peuvent être posées d'une manière alternative. Si une question peut être posée au Jury, sous une forme alternative, il faut, à peine de nullité, que chacun des termes de cette question réunisse les caractère de criminalité nécessaires pour servir de base à une condamnation. Lorsque chacun des termes alternatifs d'une question ne rentre pas dans les termes de la loi, la réponse unique faite à cette question est nulle. Aussi est nulle la question de savoir si l'accusé avait porté des coups ou commis d'autres violences sur la personne de son père.

**347.** Toutes les questions posées au Jury doivent s'interpréter les unes par les autres, encore que les premieres aient été résolues négativement.

**348.** Le Président de la Cour d'Assises est maître de la position des questions au Jury, pourvu qu'il respecte le dispositif de l'arrêt de renvoi. Il peut, sans irrégularité, ajouter dans une accusation de faux, fondée sur l'article 147 du Code Pénal, les mots : *Par supposition de personne,* mode de fabrication rentrant dans le paragraphe 2 de l'article, ou substituer les mots : *Au profit de l'accusé,* à ceux-ci : *Au préjudice de N...,* si l'identité de ces termes résulte de l'arrêt et de l'acte d'accusation.

**349.** L'amende prescrite par l'article 164 du Code Pénal doit être appliquée, à peine de nullité, à tous ceux qui sont déclarés coupables des crimes prévus et punis par les articles 147 et suivants du même Code.

Dans une accusation de détournements de fonds contre un notaire, le Jury ne doit pas être interrogé sur une question lui demandant si l'accusé est *officier public;* c'est une question de droit que la Cour d'Assises seule doit dé-cider. La question doit se borner à mentionner sa qualité de notaire. Elle doit, en outre, demander au Jury si les fonds détournés lui avaient été confiés en sa qualité de notaire.

**350.** Le fait de signer un mandat payable pour la caisse d'un hospice, pour une somme supérieure aux factures qui lui servent de base, ou un mandat comprenant, avec des fournitures faites à l'hospice, d'autres faites au signataire personnellement, constitue le crime de faux et non le délit d'escroquerie.

**351.** Lorsque le Jury est interrogé sur le fait d'émission de fausse monnaie pris isolément et indépendamment de la contrefaçon, la question doit, à peine de nullité, mentionner la connaissance qu'a eue l'accusé, de la fausseté ou de la contrefaçon. Le fait d'émission de fausse monnaie n'est, en lui-même et indépendamment du fait de la contrefaçon, punissable que si l'auteur de l'émission a connu la fausseté de la monnaie.

**352.** En matière de faux témoignage, l'arrêt de con-damnation doit constater, à peine de nullité, la circons-tance constitutive du délit que le témoignage a été porté pour ou contre le prévenu.

**353.** Lorsque aucune réponse n'a été inscrite en face de la question principale, imputant un vol à un accusé, il ne peut être suppléé à l'omission par les réponses sur les

circonstances aggravantes ou sur les circonstances atténuantes, et la condamnation est nulle.

**354.** Est nulle la condamnation de l'accusé basée sur
la solution affirmative par le Jury d'une question de coups
et blessures, où il n'est pas fait mention de l'élément
constitutif de la volonté criminelle.

**355.** Est nul l'arrêt de la Cour d'Assises qui, sans
exprimer de motif, se borne à dire que la question subsidiaire demandée par le défenseur de l'accusé ne sera pas
posée.

**356.** Dans les affaires criminelles jugées, même en
Algérie, sans l'assistance des jurés, le défaut de production de la feuille des questions entraîne la nullité de l'arrêt de condamnation et des débats.

**357.** Il y a nullité, si, dans une décision du jury, rendue contre l'accusé et conçue en ces termes : Oui, à la
majorité, le mot *majorité* est écrit en abrégé.

**358.** La mention que la déclaration du Jury a été rendue à la *majorité* est substantielle, et il y a nullité si le renvoi qui l'exprime n'a pas été approuvé.

**359.** Est nulle la décision du Jury qui contient une
surcharge non approuvée des mots : *A la margorité,* alors
qu'il y a surcharge à partir de la lettre *g*.

**360.** En matière de faux, la question sur l'usage de
la pièce fausse doit se référer à une première question,
qui établit que cette pièce avait les caractères de fausseté
exigés par la loi.

**361.** Il y a nullité, si un individu est condamné pour
faux, dans le cas où il s'est faussement déclaré *veuf* dans
son contrat de mariage et dans les actes de publication
préalable au futur mariage, alors qu'il était encore uni

par les liens d'un précédent mariage. — Un contrat de mariage et des actes de publication n'étant pas destinés à établir si les futurs sont *veufs* ou *célibataires*, celui qui s'est faussement déclaré veuf dans ces actes ne peut être poursuivi pour le crime de faux prévu et puni par l'article 147 du Code Pénal.

**362.** Lorsque la qualité de commerçant failli a été omise dans la question relative à l'auteur principal, cette omission profite au complice à l'égard duquel elle n'est pas résolue.

**363.** En l'absence de questions sur l'auteur principal, les questions posées à l'égard du complice doivent, à peine de nullité, renfermer tout à la fois les éléments constitutifs du délit et ceux de la complicité.

**364.** Il y a lieu d'interroger le Jury sur les éléments des circonstances aggravantes, toutes les fois qu'elles sont complexes, que leurs éléments sont multipliés, et ne sont pas nécessairement compris dans la qualification légale.

**365.** Dans le fait de violences ayant laissé des traces de blessures, il y a deux circonstances aggravantes du crime de vol, et le Président doit, à peine de nullité pour complexité, poser deux questions distinctes et séparées.

**366.** Il y a vice de complexité, lorsque le Jury, après avoir interrogé sur plusieurs chefs principaux d'accusation par des questions distinctes, est interrogé sur plusieurs circonstances aggravantes par une question unique.

**367.** Il ne suffit pas que le Jury soit interrogé par des questions distinctes et séparées sur le fait principal et sur chacune des circonstances aggravantes; il faut encore, à peine de nullité, que ce fait et ces circonstances soient attribués à l'accusé par questions distinctes Ainsi, le Jury ne peut être interrogé, à peine de nullité, cumulativement et par une seule question, sur la culpabilité de plusieurs accusés et sur des circonstances aggravantes imputables à plusieurs accusés.

**368.** Lorsqu'un crime est qualifié par une expression complexe dont les jurés doivent ignorer le sens légal, il convient que le président décompose la question dans les termes simples des faits élémentaires du crime. Par exemple, au lieu de demander si l'accusé est coupable de meurtre, il doit demander s'il est coupable d'un homicide commis volontairement.

**369.** Il y a nullité pour vice de complexité, lorsqu'li est posé au jury une seule question qui comprend à la fois le fait principal de vol par un marin à bord, et la circonstance aggravante que la valeur des objets volés excédait 10 francs.

**370.** Est contradictoire la déclaration du Jury qui reconnaît l'existence, à l'égard de l'un des accusés, des circonstances aggravantes, la nuit, dans une maison habitée, avec escalade, et écarte celle d'escalade en ce qui concerne les deux autres accusés, lorsque trois accusés ont été traduits devant la Cour d'Assises, à raison d'un vol commis conjointement avec ces trois circonstances aggravantes. Il en est de même de la déclaration du Jury, reconnaissant l'existence de toutes ces circonstances aggravantes, à l'égard de deux des accusés, et écartant celle d'escalade et d'effraction à l'égard du troisième.

**371.** En cas d'accusation d'incendie d'une maison, la circonstance d'habitation est aggravante, si l'édifice appartient à autrui, et constitutive s'il appartient à l'accusé. Ainsi, au premier cas, cette circonstance doit faire l'objet d'une question distincte, tandis qu'au deuxième, elle doit être comprise dans la question principale. Dès lors, est nulle pour vice de complexité, la question qui, dans une accusation d'incendie d'une maison appartenant à autrui, comprend, et le fait principal d'incendie et la circonstance aggravante que la maison était habitée.

**372.** Dans le cas d'attentat à la pudeur, prévu par l'article 332 du Code Pénal, la question principale doit comprendre la violence ; cette circonstance ne peut faire l'objet d'une question séparée, comme si elle était aggravante.

**373.** Il y a nullité pour vice de complexité, lorsque dans une accusation de viol par un père sur sa fille, la question au Jury comprend, tout à la fois, et le fait principal de viol et la circonstance aggravante de la qualité de père légitime de la victime.

**374.** Il y a nullité, lorsque la question comprend, en même temps, et le fait principal dont il s'agit, et la circonstance aggravante que le crime aurait été commis par un ministre du culte.

**375.** Lorsque la maison incendiée et appartenant à l'accusé est assurée, cette circonstance doit elle-même faire l'objet d'une question séparée au Jury.

**376.** Lorsque le meurtre commis sur un agent de la force publique l'a été dans l'exercice de ses fonctions, ou à l'occasion de l'exercice de ses fonctions, cette dernière circonstance étant aggravante, doit faire l'objet d'une question distincte et séparée de la question de meurtre.

**377.** Les circonstances constitutives du crime doivent être posées au Jury, quoiqu'elles soient omises dans le dispositif de l'arrêt de renvoi et dans le résumé de l'acte d'accusation, si ces circonstances résultaient des faits exposés dans l'ordonnance de prise de corps qui fait partie intégrante dudit arrêt.

**378.** Le président doit poser une question sur une circonstance aggravante qui se trouve implicitement discutée dans l'acte d'accusation.

**379.** Une seule question doit être posée au Jury, à l'égard des divers faits qui ne sont que les éléments constitutifs d'une seule et même circonstance aggravante. Ainsi, en matière de viol, n'est pas entachée de complexité, la question unique posée sur le triple point de savoir, si la victime était la fille naturelle de l'épouse légitime de l'accusé, si elle était mineure, et si elle avait une habitation commune avec l'accusé.

**380.** Un accusé ne peut être condamné pour crime de faux en écriture de commerce qu'autant que les questions soumises au Jury et résolues affirmativement par lui ont relié les circonstances qui donnaient à l'acte argué de faux le caractère commercial, par exemple : qu'il était revêtu de signatures de commerçants et qu'il se rattachait à une opération commerciale.

**381.** Au cas où un mineur de seize ans est accusé de plusieurs crimes, il doit être posé au Jury autant de questions distinctes et séparées sur le discernement qu'il y a de chefs d'accusation; la position d'une seule question de discernement est nulle pour vice de complexité.

**382.** Il y a complexité et par suite nullité de verdict,

si une même question renferme, avec le fait principal de vol, la circonstance aggravante de maison habitée.

**383.** Est complexe, et, par conséquent, donne ouverture à cassation, la question posée au Jury, dans laquelle se trouvent réunis le crime d'incendie d'une maison appartenant à autrui et la circonstance de dépendance d'une maison habitée.

**384.** Il y a nullité pour complexité, lorsque, après avoir posé plusieurs questions distinctes au Jury en ce qui touche l'auteur principal, le Président de la Cour d'Assises n'a interrogé le Jury, en ce qui concerne le complice, que par une seule question se référant à tous les chefs d'accusation spécifiés dans les questions précédentes.

**385.** Il y a nullité, lorsque le Jury, après avoir été interrogé sur plusieurs chefs principaux d'accusation de vols par des questions distinctes et séparées, est interrogé sur les circonstances aggravantes relatives à chacun de ces faits principaux par une question unique.

**386.** Le Président de la Cour d'Assises doit poser au Jury des questions telles qu'elles résultent de l'arrêt de renvoi, et non telles qu'elles résultent du résumé de l'acte d'accusation, si celles-ci diffèrent de l'arrêt de renvoi.

**387.** Au cas d'accusation de faux portant sur plusieurs lettres de change et sur l'usage de ces pièces, il faut, à peine de nullité, poser au Jury des questions distinctes et séparées quant à l'usage des lettres de change et quant à l'usage de chacune de ces pièces.

**388.** En ce qui concerne les faits constitutifs de la complicité par recel prévus par l'article 62 du Code

Pénal, il y a vice de complexité et par suite nullité, si le Jury a été interrogé par une seule et même question sur l'existence de l'une et l'autre complicité.

**389.** Le Jury doit être interrogé sur l'âge de la victime d'un attentat à la pudeur ou d'un viol. L'acte de naissance ne peut pas suppléer à cette déclaration.

**390.** Les faits constitutifs des délits renvoyés aux Cours d'Assises doivent, comme ceux qui constituent les crimes auxquels ils sont connexes, être soumis aux jurés et être déclarés par eux.

**391.** Doit être motivé, à peine de nullité, l'arrêt qui rejette les conclusions de l'accusé tendant à ce qu'il soit posé une question comme résultant des débats.

**392.** Est nul l'arrêt qui admet ou rejette la demande d'un accusé ayant pour objet la position d'une question subsidiaire, sans que le Ministère public ait été entendu sur cet incident.

**393.** Le Jury ne peut pas être interrogé sur d'autres circonstances que celles qui sont mentionnées dans le résumé de l'acte d'accusation, ou qui sont résultées des débats.

**394.** Depuis la loi de 1838, la position de la question d'abus de confiance dans une accusation de banqueroute frauduleuse ne pourrait avoir lieu que dans le cas où le fait d'abus de confiance aurait entraîné la dissimulation de l'actif et que ce caractère serait exprimé.

**395.** On ne peut poser une question sur un fait nouveau et différent de celui qui fait l'objet de l'accusation, et qui n'est point une circonstance aggravante ou atténuante.

**396.** Lorsqu'un accusé a été déclaré par le Jury non

coupable sur une question principale de viol, coupable sur une question subsidiaire d'attentat à la pudeur avec violence, la cassation prononcée sur son pourvoi doit porter sur la totalité de la déclaration du Jury, et l'ensemble de l'accusation est renvoyé à de nouveaux débats.

**397.** Toute question posée comme résultant des débats doit, à peine de nullité, se rattacher clairement au fait objet de l'accusation.

**398.** Le Président ne peut poser comme résultant des débats à l'égard de l'accusé de banqueroute frauduleuse, une question subsidiaire de complicité de la banqueroute de sa femme, s'il n'est pas établi qu'il s'agit du même commerce et de la même faillite.

**399.** Le Président ne peut substituer une accusation de coups et blessures ayant occasionné la mort, à une accusation d'assassinat commis en portant volontairement des coups et des blessures ayant occasionné la mort.

**400.** Le Président ne peut substituer une accusation de coups portés avec préméditation et guet-apens, et qui ont donné la mort, à une accusation de meurtre, avec préméditation et guet-apens.

**401.** Le Président ne peut substituer une accusation d'incendie d'une meule de récolte à une accusation d'incendie d'une meule de paille.

**402.** Il y a nullité, lorsque la surcharge de la rature dans les questions qui portent sur un mot substantiel n'a point été approuvée.

**403.** La position des questions au Jury implique nécessairement le devoir d'une lecture publique, ou tout au moins d'une connaissance de questions donnée à l'accusé. Et le procès-verbal des débats doit, à peine de nullité, constater que la position des questions a eu lieu conformément à cette prescription; il ne suffirait pas de constater le fait de la *remise* des questions aux jurés.

**404.** Lorsque le Jury a répondu négativement aux questions distinctes sur le fait et la circonstance aggravante posées à l'égard de l'auteur principal, la question unique relative aux complices qui se réfère expressément aux questions précédentes, qui devient la seule base de la condamnation, est viciée par la complexité résultant de la réunion de deux éléments que le Jury doit résoudre séparément.

**405.** Est contradictoire la déclaration du Jury qui, en matière de coups et blessures volontaires, résout négativement la question concernant la préméditation, et affirmativement celle du guet-apens. La Cour d'Assises doit dans ce cas renvoyer le Jury dans la chambre des délibérations, afin qu'il puisse rectifier son verdict. Si ce renvoi n'est pas ordonné, il y a nullité, et si la déclaration du Jury est affirmative uniquement sur les questions subsidiaires résultant des débats, il y a lieu à renvoi pour le tout devant une autre Cour d'Assises.

**406.** Lorsque plusieurs crimes ont précédé, accompagné ou suivi le crime principal, il y a complexité, s'il n'est point posé une question distincte et séparée sur chacune des circonstances aggravantes de concomitance. La cassation doit être totale et le renvoi porter sur le tout dans le cas où les faits, objet de l'accusation, étant concomitants et connexes, forment un tout indivisible et rattachant l'un à l'autre tous les accusés.

**407.** Lorsque le Jury a modifié une de ses réponses

aux questions posées, l'approbation de la rature ne couvre pas la nullité résultant de la substitution à l'interligne sans approbation spéciale, mais l'arrêt n'est pas nul si l'application de la peine est justifiée par les réponses régulières à d'autres questions.

**408.** La nullité partielle du verdict résultant de surcharges non approuvées dans plusieurs questions n'a aucune influence sur l'arrêt de condamnation, si d'autres réponses régulières suffisent pour légitimer la peine prononcée.

**409.** Quand un accusé est renvoyé à la fois aux Assises pour crimes, et au correctionnel pour délits, si le Président de la Cour d'Assises le fait juger à tort pour délit non compris dans le résumé de l'acte d'accusation, la question et la réponse du Jury doivent être annulées sans cassation de l'arrêt de condamnation justifié par le verdict sur les crimes, et sans renvoi, puisque la juridiction correctionnelle était déjà saisie par une décision non attaquée.

**410.** En Algérie, comme dans la Métropole, il y a vice de complexité dans le fait d'avoir réuni en une seule et même question l'accusation principale de coups et blessures, et la circonstance aggravante de mort en étant résultée.

**411.** Dans une double accusation de vol et de meurtre, ce dernier crime ayant pour but d'assurer l'impunité du coupable et pour lequel il a été acquitté, lorsque sur le pourvoi contre l'arrêt de condamnation pour vol il y a cassation pour un vice de forme, le renvoi doit être ordonné pour le tout, malgré l'acquittement sur le meurtre.

Ces deux crimes, en effet, quoique séparés par un long intervalle de temps, n'en sont pas moins unis entièrement et rendent nécessaire un examen entier de tous les faits de la poursuite.

**412.** Est nul l'arrêt de la Cour d'Assises qui prononce la peine des travaux forcés à perpétuité pour vol qualifié, par application de l'article 381 du Code Pénal, lorsqu'une des cinq circonstances aggravantes relevées par l'arrêt de renvoi et nécessaire pour motiver cette peine, a été omise dans les questions posées au Jury.

**413.** Il y a vice de complexité et par suite nullité dans la question qui comprend cumulativement le recel avec les divers actes constitutifs de la complexité que l'article 60 du Code Pénal permet de réunir en une seule question, à la différence de l'article 62.

**414.** Dans une accusation de tentative d'avortement, la complicité ne peut être punissable que si le fait principal est atteint par le paragraphe 1er de l'article 317 du Code Pénal, et non dans le cas du paragraphe 2, où la femme enceinte est l'auteur de la tentative infructueuse. La question de complicité est donc incomplète et la solution affirmative insuffisante, si elle n'énonce pas que la tentative a été commise par une autre personne que la femme elle-même.

**415.** L'annulation du verdict affirmatif sur la question de complicité posée comme résultant des débats, entraîne cassation du verdict négatif sur la question principale où l'accusé figurait comme auteur. L'accusation primitive n'est pas purgée dans son entier, puisqu'elle renfermait virtuellement la modification que le Président a eu le droit de dégager.

**416.** Est nulle comme entachée de complexité la question unique posée au Jury relativement à divers vols ou abus de confiance commis par l'accusé à des époques différentes et au préjudice de personnes distinctes. Et la division des questions posées au Jury doit, en pareil cas, être observée, à peine de nullité, à l'égard du complice, comme à l'égard de l'auteur principal. Lorsque les caractères de vols constitutifs de crimes sont énoncés dans les questions relatives aux auteurs principaux, il n'est pas nécessaire que les questions relatives aux complices rappellent ces caractères ; il suffit qu'elles se réfèrent expressément à chacun des crimes de vol spécifiés contre les auteurs principaux.

**417.** Est entachée de complexité la question au Jury comprenant le crime d'incendie de maison appartenant à autrui, et la circonstance que cette maison était habitée. En cas d'annulation d'une question au Jury par voie de complexité, les autres questions et réponses valables peuvent être maintenues, ainsi que la déclaration des circonstances atténuantes.

**418.** Le prévenu qui, dans un interrogatoire, a pris un faux nom, n'étant coupable du crime de faux qu'autant que ce nom appartient à un tiers et que l'emprunt lui cause un préjudice, la question posée au Jury est incomplète si elle ne contient pas ces divers éléments.

**419.** Est complexe la question au Jury comprenant à la fois la complicité par recel et la complicité par aide et assistance.

**420.** Est nulle pour vice de complexité, la question unique posée au Jury sur plusieurs chefs d'abus de confiance qualifiés, commis au préjudice de personnes différentes. Cette nullité entraîne celle de la question relative au complice par recel, qui se réfère à la première quant aux éléments constitutifs du crime. La règle de diviser les questions sur chaque crime distinct s'applique d'ailleurs à l'égard du complice comme à l'égard de l'auteur principal. Néanmoins, si le complice s'est seul pourvu, la question n'a lieu qu'en ce qui le concerne.

**421.** Est nulle comme entachée de complexité la question unique posée au Jury, relativement à divers vols ou abus de confiance commis par l'accusé, à des époques différentes et au préjudice de personnes distinctes.

**422.** La femme d'un commerçant failli, après avoir été acquittée par le Jury du chef de complicité de banqueroute frauduleuse par détournements ou dissimulation d'actif, peut, sans violation du principe de la chose jugée, être poursuivie devant le tribunal correctionnel pour avoir détourné, diverti ou recelé des effets de la faillite, sans avoir agi de complicité avec le failli, délit prévu par l'article 594 du Code de Commerce.

**423.** On ne peut poser au Jury aucune question alternative.

**424.** Il y aurait nullité, si le Jury fournissait une réponse complexe à des questions distinctes.

**425.** Pour servir de base à la condamnation du complice, la question relative au fait principal doit énoncer les faits constitutifs du crime et, notamment en matière de vol, le caractère frauduleux de la soustraction. Il ne suffit pas que cette énonciation soit faite dans une question relative à la circonstance aggravante de nuit, d'une part parce que cette dernière question ainsi posée serait complexe, d'autre part attendu que tous les éléments constitutifs de la criminalité doivent être compris dans une question unique.

**426.** Il suffit que l'interpellation prescrite par l'article 363 soit adressée à l'accusé; l'absence du défenseur, en ce moment, ne serait une cause de nullité que si elle provenait du fait du Ministère public ou de celui du Président.

**427.** L'accusé déjà condamné au maximum d'une peine ne peut, pour faits antérieurs ne comportant pas une peine plus grave, subir aucune condamnation pénale.

**428.** Si la peine déjà prononcée excède celle dont est passible un autre crime ou délit antérieurement commis par le même individu, cet individu ne peut, à raison de ce fait antérieur, être ultérieurement condamné à une peine nouvelle qui se cumule avec la première, alors même que ces deux peines réunies n'excéderaient pas celle qui aurait pu être prononcée la première fois contre lui. Spécialement, l'individu condamné par la Cour d'Assises à quatre ans de prison pour vol, ne peut ensuite être condamné par un tribunal correctionnel pour un vol antérieur de récolte, à un an de prison, bien que ces deux peines réunies n'excèdent pas le maximun de cinq ans qui eût pu être prononcé contre lui la première fois.

**429.** Ce n'est pas la nature des faits poursuivis, mais bien la nature des peines applicables qui doit servir de base à l'application de la règle du non cumul des peines. Ainsi, au cas où, après une condamnation correctionnelle au maximum de la peine d'emprisonnement, de nouvelles poursuites sont exercées contre la première à raison d'un crime commis antérieurement, la Cour d'Assises ne peut, si par l'effet de l'admission de circonstances atténuantes l'emprisonnement se trouve être la seule peine applicable, prononcer une condamnation à un nouvel emprisonnement.

**430.** La règle du non cumul des peines ne reçoit d'exception, en matière de presse, qu'en cas de concours d'une contravention de police avec un crime ou délit. Elle demeure applicable lorsqu'il s'agit d'une infraction matérielle aux lois de la presse, punie de peines correctionnelles, en concours avec un délit proprement dit. Il y a donc lieu d'annuler, mais par voie de retranchement seulement, la peine prononcée par l'arrêt, pour la contravention en sus de celle du délit; mais la cassation ne peut porter ni sur les dommages-intérêts, la règle du non cumul des peines étant étrangère aux réparations civiles, ni sur les insertions et affiches, ordonnées seulement à raison du délit.

**431.** La règle du non cumul des peines ne s'étend pas aux dispositions pénales accessoires constituant des mesures spéciales ou d'intérêt de sûreté publique. Ainsi, la confiscation de l'arme qui a servi à la perpétration d'un délit de chasse doit être prononcée, lors même que ce délit serait connexe à un crime entraînant une peine plus forte que le délit.

**432.** Toutefois, si la peine accessoire est non pas attachée par l'infraction commise, mais seulement la conséquence de la peine appliquée, le principe de non cumul demeure applicable, et par suite, en pareil cas, la peine accessoire, spécialement la surveillance de la haute police, disparaît, si la peine principale à laquelle

elle est attachée est absorbée par une peine plus forte.

**433.** Le principe prohibitif du cumul des peines est applicable aux peines d'amendes, aussi bien qu'aux peines corporelles.

**434.** Il y a violation de ce principe dans l'arrêt qui, en condamnant un individu à la peine de mort pour meurtre accompagné d'un délit de chasse, prononce, en outre, contre lui une amende à raison de ce délit.

**435.** L'amende prononcée par la loi en matière de faux ne doit pas être appliquée lorsque, en outre du faux, l'accusé a été reconnu coupable d'un crime passible d'une peine plus grave. Et il en est ainsi, encore bien que l'admission des circonstances atténuantes aurait fait descendre la peine au degré de celles du faux.

**436.** Un arrêt de Cour d'Assises ne peut être annulé pour violation du principe prohibitif du cumul des peines, lorsqu'il y a incertitude sur le point de savoir si les condamnations antérieures avaient acquis un caractère définitif avant la date du crime qui a motivé la condamnation prononcée par cet arrêt, sauf à soulever la question sur l'exécution des deux peines.

**437.** Lorsqu'un arrêt de condamnation ne fait pas mention d'une condamnation antérieure, quoiqu'elle fût devenue définitive et que le prévenu ni le Ministère public n'ont pris aucune conclusion à cet égard, il ne peut être annulé.

**438.** La disposition qui permet aux Cours d'Assises de prononcer des peines moindres que celles de leur compétence, n'est applicable qu'autant que c'est le fait même de l'accusation qui a changé de nature et perdu de sa gravité ; elle n'autorise pas une Cour d'Assises, saisie d'un crime de vol, à statuer sur un délit de dénonciation calomnieuse révélé par les débats.

**439.** Il y a nullité lorsqu'une Cour d'Assises a appliqué à tort aux faits reconnus constants par le Jury la peine des travaux forcés, au lieu de celle de la réclusion.

**440.** Les actes de violence et la tentative de meurtre qui ont pour but la perpétration d'un vol constituent par eux-mêmes, quant à ce dernier chef, le commencement d'exécution, qui est un des éléments de la tentative, aux termes de l'article 2 du Code Pénal.

**441.** La peine du vol avec fausses clefs étant plus forte que celle du faux en écriture privée, c'est à tort qu'une Cour d'Assises condamne en même temps à l'amende accessoire de la peine du faux, alors qus la peine du vol a seule été prononcée. La cassation doit être ordonnée par retranchement de l'amende à tort appliquée.

**442.** Est irrégulière la condamnation solidaire à tous frais et dépens d'une poursuite commune à l'égard de l'accusé reconnu coupable d'un seul crime. L'annulation est prononcée *parte in quâ*, avec renvoi pour répartition des frais.

**443.** Il y aurait nullité, si la Cour d'Assises ordonnait un acte qui rentrât dans les attributions du Président; ce serait une usurpation sur le pouvoir discrétionnaire.

**444.** Il ne peut être statué par une Cour d'Assises sur un point contentieux qui a donné lieu à des conclusions prises par l'accusé, ou par le Ministère public, sans que l'autre partie soit entendue ou interpellée à s'expliquer. La nullité résultant de l'inobservation de cette règle est substantielle.

**445.** Il y a nullité, lorsque le procès-verbal ne contient l'énonciation ni du mois ni du jour où l'interrogatoire a eu lieu.

**446.** L'accusé ne peut être soumis aux débats avant l'expiration des cinq jours que la loi lui accorde, soit pour se pourvoir contre l'arrêt de renvoi, soit pour préparer sa défense. Ce délai ne peut être abrégé sans le consentement formel de l'accusé.

**447.** Il y aurait nullité, si l'on refusait copie aux accusés (copie à leurs frais) des pièces de la procédure qu'ils jugent utiles à leur défense.

**448.** L'avertissement que le vote doit avoir lieu au scrutin secret est prescrit, à peine de nullité.

**449.** Il faut, à peine de nullité, que le Président donne aux jurés l'avertissement relatif aux circonstances atténuantes.

**450.** L'entrée d'un juré adjoint dans la chambre des délibérations, alors que le Jury est resté complet, entraîne nullité.

**451.** Il y aurait nullité, s'il était établi qu'on eût substitué à l'instruction de l'article 342 une autre affiche ayant pu induire les jurés en erreur sur la nature de leurs devoirs.

**452.** Il y a nullité si, au moyen du signe abréviatif d'une accolade, le Jury ne fait qu'une seule et unique réponse à plusieurs questions.

**453.** La lecture par le chef du Jury de sa déclaration, d'après les prescriptions de l'article 348 du Code d'Instruction criminelle, est une formalité substantielle. Lorsqu'elle n'est pas constatée par le procès-verbal des débats, il y a nullité, tant des débats que de l'arrêt.

Si, au lieu de réponses distinctes, il fait une réponse collective, telle que celle-ci : *Oui, l'accusé est coupable avec les circonstances relatées dans l'acte d'accusation.*

**454.** La décision négative d'un fait d'excuse est une décision contre l'accusé; dès lors la déclaration par laquelle le Jury résout négativement une telle question, doit exprimer, à peine de nullité, que la décision a été prise à la majorité.

**455.** La déclaration de culpabilité ne peut être prononcée par la Cour d'Assises, à la Réunion, qu'à la majorité de cinq voix sur sept. Par suite, est nul l'arrêt qui refuse de poser, conformément aux conclusions de la défense, des questions d'excuse légale, sans exprimer ladite majorité. L'admission d'une excuse légale a pour résultat de modifier la culpabilité, en déterminant l'application d'une peine moins rigoureuse; dès lors, l'existence de cette condition essentielle doit être constatée expressément.

**456.** Il y a nullité si, dans la réponse à une question résolue contre l'accusé, les jurés déclarent que la décision a été prise à la majorité de *dix* voix, ou à l'*unanimité;* mais, si c'est une réponse favorable à l'accusé, il n'y a pas nullité. Ainsi, dans le cas où le Jury admet, en faveur de l'accusé, des circonstances atténuantes *à l'unanimité,* cette expression du nombre de voix constitue un vice proscrit par la loi. Le Jury doit être renvoyé dans la salle des délibérations pour rectifier l'irrégularité commise; et si ce renvoi est ordonné par le Président, lorsqu'il n'appartient qu'à la Cour de l'ordonner, la Cour de Cassation constate l'erreur commise par le Président; mais elle décide que cette erreur ne saurait

entraîner nullité, parce qu'elle porte sur une déclaration
favorable à l'accusé, à laquelle il n'a été rien changé, et
dont ce dernier a bénéficié.

**457.** Est nulle la déclaration du Jury reconnaissant
l'existence de circonstances atténuantes, lorsqu'elle n'exprime pas qu'elle a été à la majorité.

**458.** La déclaration du Jury qu'il existe des circonstances atténuantes en faveur des accusés est nulle,
comme ne constatant pas qu'il y a eu un scrutin séparé
pour chaque accusé; il faut une déclaration spéciale,
personnelle pour chaque accusé. Si, dans les réponses des
Jurés, il y a des surcharges, ratures, des renvois et
interlignes, il faut, aux termes de l'article 78, que le chef
du Jury les approuve, à peine de nullité.

**459.** La lecture et la signature de la déclaration du
Jury doivent être faites avec le concours et en la présence des douze jurés. L'absence de l'un d'eux anéantit le
Jury et lui ôte tout caractère.

**460.** Est nulle la déclaration qui n'est pas signée par
le chef du Jury.

**461.** La lecture de la déclaration du Jury par le
greffier en présence de l'accusé est une formalité substantielle.

**462.** Il faut, à peine de nullité, que la décision de la
Cour d'Assises qui condamne l'accusé acquitté à des dommages-intérêts, ne soit pas contradictoire avec la décision des jurés.

**463.** Dans l'espèce, la Cour, en accordant des dommages, avait déclaré le prévenu *coupable d'un homicide
volontaire*, au lieu de le déclarer simplement *auteur d'un
homicide*.

**464.** Les formalités qui ne sont pas déclarées dans le procès-verbal des débats sont présumées de droit avoir été omises, et lorsque ces formalité se réfèrent au droit de légitime défense, leur omission constitue une nullité.

**465.** Malgré le silence de la loi, il faut, à peine de nullité, qu'il soit dressé un procès-verbal du tirage du Jury.

**466.** La signature du greffier au procès-verbal de la formation du Jury de jugement est une formalité substantielle.

**467.** Le procès-verbal de tirage du Jury doit, à peine de nullité, être signé par le président et le greffier

# CHAPITRE V

## DU JURY

**468.** Nul ne peut remplir les fonctions de Juré s'il n'a trente ans accomplis et s'il ne jouit de ses droits politiques et civils, à peine de nullité.

**469.** Nul ne peut être Juré dans la même affaire où il aura été officier de police judiciaire, témoin, interprète, expert ou partie, à peine de nullité.

**470.** Si, par quelque événement, l'examen des accusés sur les crimes ou sur quelques-uns des crimes compris dans l'acte ou dans les actes d'accusation est renvoyé à la session suivante, il sera fait une autre liste, il sera procédé à de nouvelles récusations et à la formation d'un nouveau tableau de douze Jurés, d'après les règles prescrites ci-dessus, à peine de nullité.

**471.** L'article 408 est prescrit, à peine de nullité.

**472.** Le défaut de notification est une cause de nullité que ne couvre pas le consentement de l'accusé.

**473.** La copie de l'exploit de notification doit être remise, à peine de nullité, à l'accusé lui-même; mais cette disposition n'est applicable que lorsque l'accusé est détenu.

**474.** L'article 184 s'applique à la notification de la liste des jurés. Il y aurait donc nullité de la notification, si l'accusé était éloigné de plus de trois myriamètres, la notification n'étant donnée que la veille du jour fixé pour la formation du tableau.

Cette nullité tenant au droit de récusation ne peut être couverte ni par le silence, ni par l'adhésion formelle de l'accusé, lors de la formation du tableau.

**475.** La notification serait nulle si la date était surchargée, sans que cette surcharge fût approuvée, ou le *parlant à*.....

**476.** Les témoins cités pendant le cours des débats sont nécessairement dans la catégorie des témoins non notifiés.

**477.** La liste des jurés sera notifiée à chaque accusé la veille du jour déterminé pour la formation du tableau. Cette notification sera nulle, ainsi que tout ce qui aura suivi, si elle est faite plus tôt ou plus tard.

**478.** Si l'accusé n'est pas fondé à se plaindre lorsque la notification de la liste du Jury lui a été faite plus de vingt-quatre heures avant la formation du tableau, il en est autrement lorsque la notification a eu lieu moins de vingt-quatre heures auparavant. Ce délai minimum, qui a pour but de permettre à l'accusé d'exercer utilement son droit de récusation, est substantiel et doit être observé, à peine de nullité.

**479.** Il y a nullité si, au moment de l'appel des jurés, trente au moins ne répondent pas à cet appel.

**480.** Il y a nullité, si parmi les douze jurés il s'en trouve un qui a été entendu devant le juge d'instruction comme témoin, lors même qu'il n'aurait pas été cité par la Cour d'Assises.

**481.** La publicité du tirage au sort des quarante jurés doit être constatée, à peine de nullité.

**482.** Il y a nullité si la Cour d'Assises déclare tardive la récusation d'un juré faite par le Ministère public ou la défense, alors que l'opération du tirage n'avait pas été continuée par la proclamation d'un autre nom.

**483.** Il y a nullité, si on ne fait pas la notification prescrite par l'article 395.

**484.** Il y a nullité :

S'il n'est pas régulièrement établi que l'accusé a reçu personnellement la notification de la liste des jurés.

**485.** Si l'huissier, dans l'acte de signification, se borne à dire *parlant à...* Cette nullité entraîne celle de la procédure ultérieure. Les frais de la procédure à recommencer sont mis dans ce cas à la charge de l'huissier.

**486.** Si la liste des jurés a été remise au concierge de la prison.

**487.** Si la liste destinée à l'accusé a été remise à son coaccusé.

**488.** L'omission du nom de l'un des quarante jurés de la liste ordinaire dans la copie notifiée à l'accusé emporte nullité.

**489.** Les indications inexactes et les surcharges dans l'acte de notification sont une cause de nullité, si l'accusé a pu être induit en erreur sur l'identité des jurés.

**490.** Il y a nullité lorsque la copie de l'exploit de notification est sans indication de date.

**491.** La notification de la liste des jurés est nulle lorsqu'une rature non approuvée rend la date incertaine.

**492.** Il y a nullité si le Jury de jugement a été formé le jour même où la liste a été notifiée à l'accusé, qu'il ait ou non consenti.

**493.** Il y a nullité, s'il sort de l'urne le nom d'un juré supplémentaire, alors qu'il y a trente jurés titulaires répondant à l'appel.

**494.** La seule présence dans le Jury de jugement, même à titre de juré suppléant, d'un juré de la liste supplémentaire appelé indûment à concourir au tirage, malgré la présence des jurés titulaires au nombre de *trente et un*, entraîne la nullité des débats, sans qu'il y ait à rechercher si le droit de récusation n'a point été épuisé et si le juré suppléant n'a pris aucune part à la délibération et au verdict.

Il est de principe, en effet, que les jurés supplémentaires ne peuvent, à peine de nullité, être appelés à remplacer les jurés titulaires qu'autant que trente de ceux-ci ne se sont pas présentés. Mais si le juré supplémentaire qui a pris irrégulièrement part au tirage comme *trente et unième* juré, n'a pas fait partie du Jury de jugement, cette irrégularité n'ayant causé aucun préjudice à l'accusé, il n'y a pas lieu de prononcer la nullité.

**495.** Il y a nullité, si l'un des jurés était âgé de moins de trente ans au moment où il a exercé ses fonctions.

Mais le juré âgé de moins de trente ans lors de son inscription sur la liste générale a pu valablement figurer sur
la liste de la session s'il devait avoir acccompli l'âge de
trente ans au moment de l'ouverture de cette session.

**496.** S'il est étranger.

**497.** S'il est maire, il ne peut être juré dans une affaire où il a rempli les fonctions d'officier de police judiciaire.

**498.** S'il est greffier, dans une affaire où il a assisté
le juge d'instruction.

**499.** S'il est médecin, dans une affaire où il a été
expert.

**500.** S'il est avocat de l'accusé, car il est partie dans
le procès.

**501.** S'il est l'avoué qui a signé une plainte.

**502.** Il y a nullité si les jurés suppléants ne sont pas
appelés dans l'ordre de leur inscription.

**503.** Si dans le Jury de jugement il se trouve un juré
suppléant appelé au-delà du nombre de trente.

**504.** Si le procès-verbal de tirage du Jury de jugement ne désigne que onze jurés, et laisse ignorer le nom
du douzième. Il ne saurait être suppléé à cette omission
par d'autres mentions de ce procès-verbal ou de celui des
débats, portant que les jurés qui ont pris part au jugement étaient au nombre de douze.

**505.** L'assistance de la Cour d'Assises est substantielle pour la légalité du tirage des jurés complémentaires.

**506.** Il y a nullité, si le procès-verbal ne constate pas
que le tirage au sort des jurés complémentaires a été
fait en audience publique.

**507.** Si l'accusé n'entend pas le français, il faut, à peine de nullité, lui nommer un interprète lors de la formation du tableau des douze jurés pour l'exercice de son droit de récusation.

**508.** Il y a nullité, si l'accusé ayant déclaré ne pas entendre le patois, le Président lui a traduit la déposition du témoin.

**509.** Il y a nullité, si l'appel des noms des jurés n'a pas été fait en présence de l'accusé, avant le dépôt des bulletins dans l'urne.

**510.** Il y a nullité, si le procès-verbal ne constate pas la publicité pour chacune des audiences.

**511.** Il y a nullité, si le procès-verbal ne constate pas que le Président a adressé aux jurés le discours contenu dans l'article 312 et que les jurés ont répondu individuellement en levant la main : *Je le jure.*

**512.** Il y a nullité, si dans le cours de l'audition des témoins, l'un d'eux s'est approché des jurés et leur a parlé à voix basse.

**513.** La Cour de Cassation a le droit d'apprécier si les paroles prononcées par un juré à l'audience constituent ou non une manifestation d'opinion. L'arrêt de la Cour d'Assises qui a attribué, à tort, ce caractère aux dites paroles, et a en conséquence remplacé le juré qui les aurait prononcées par un juré adjoint, doit être cassé sur le pourvoi de l'accusé, ainsi privé d'un juge qui lui était définitivement acquis.

**514.** Si dans le cours des débats et en dehors de l'audience, il y a eu entre un juré et un témoin une communication volontaire ayant pu exercer sur la conviction du juré une influence préjudiciable à la défense.

**515.** Si les jurés se transportent hors de la présence de la Cour, de l'accusé et de son conseil, sur le lieu où s'est passé le fait objet de l'accusation, et y reçoivent de la partie plaignante et des témoins des renseignements relatifs à ce fait.

**516.** Si, après avoir donné acte à la défense de certains propos tenus par un juré, au début de l'affaire, la Cour passe outre à la continuation des débats (se réservant ultérieurement les mesures qu'elle jugera convenables), et si c'est seulement à l'audience du lendemain, qu'appréciant le sens et la portée desdits propos, elle ordonne l'exclusion du juré qui les a tenus et son remplacement par le premier des deux jurés qui avaient été adjoints à titre de suppléants. C'est à l'instant où cette manifestation se produit que la Cour doit statuer définitivement, c'est-à-dire exclure le juré et pourvoir à son remplacement, si cela est possible, sinon renvoyer l'affaire à une autre session. L'incapacité du juré, qui a manifesté son opinion sur la culpabilité de l'accusé, résulte du fait même de cette manifestation.

**517.** Les portes de la salle d'audience doivent, à peine de nullité, être rouvertes avant le résumé du Président.

**518.** Il y a nullité, si le procès-verbal fait mention des réponses des accusés.

**519.** Si le Président ne rend pas compte à l'accusé de ce qui s'est passé pendant son absence.

**520.** Si le procès-verbal ne constate pas que le Président a satisfait à l'obligation à lui imposée par la dernière disposition de l'article 327.

**521.** Il y a nullité, si un témoin âgé de quinze ans

accomplis n'a pas prêté le serment prescrit par l'article 317.

**522.** La formule du serment prescrite par l'article 317 est sacramentelle, et l'omission d'une partie de cette formule opère une nullité radicale.

**523.** L'omission des mots : *Parler sans haine et sans crainte*, dans la formule du serment des témoins devant la Cour d'Assises, emporte nullité, alors même qu'il serait mentionné que les dispositions des articles 317, 319 et 329 du Code d'Instruction criminelle ont été remplies.

Un témoin peut demander à prêter serment dans la forme prescrite par sa religion. Mais lorsque des témoins musulmans ont prêté, sans réclamations de leur part ni de la part de l'accusé, le serment prescrit par l'article 317, l'accusé ne peut s'en faire une cause de nullité.

**524.** Le procès-verbal doit, à peine de nullité, faire mention de la prestation du serment.

**525.** Il y a nullité, si le procès-verbal se borne à constater que les témoins ont prêté le serment voulu par la loi.

**526.** Lorsque l'accusé a déjà été jugé par contumace, il doit être donné lecture, à peine de nullité, des déclarations écrites des témoins cités et qui ne comparaissent pas aux débats.

**527.** Il y a nullité, si l'interrogatoire d'un coaccusé n'a pas été lu à l'audience.

**528.** On ne peut pas entendre sans serment, en vertu du pouvoir discrétionnaire, un témoin défaillant qui comparaît avant la clôture des débats.

**529.** Il y a nullité, lorsque dans la notification de la

liste des jurés à l'accusé, le nom et le domicile de l'un des jurés qui a figuré au jugement ont été surchargés sans approbation.

**530.** Cette cassation entraîne la condamnation de l'huissier aux frais de la procédure à recommencer.

**531.** Comme aussi, lorsque la notification de la liste du jury à l'accusé a été faite, sans que l'exploit constate à qui a été remise cette copie; de même pour la remise de la copie de l'arrêt de renvoi et de l'acte d'accusation, il faut que ce soit constaté par l'huissier.

**532.** Il est aussi condamné aux frais, lorsque l'exploit de notification de l'arrêt de renvoi et de l'acte d'accusation n'est pas signé par l'huissier, et aussi lorsque cet exploit ne constate pas explicitement la mention de l'accusé auquel la copie a été laissée.

**533.** L'annulation qui résulte de la faute très-grave de l'huissier entraîne la condamnation aux frais de la procédure à recommencer. Doivent être considérées comme *fautes très-graves* le fait d'avoir *laissé en blanc le parlant à.....* dans l'exploit de notification de la liste du jury; celui d'avoir omis de constater qu'une copie séparée de cet exploit a été remise à chaque accusé; et celui d'avoir surchargé, sans approbation, des noms de jurés, ou la date de l'exploit, l'omission de la date de l'exploit et celle de la signature de l'huissier.

**534.** Est nul l'acte de signification au bas duquel l'huissier n'a pas écrit son nom de sa main.

**535.** Dans les établissements français de l'Océanie et les États du protectorat des îles de la Société, le tribunal supérieur doit s'adjoindre deux assesseurs, dont un est Taïtien, dans toutes les affaires civiles ou criminelles, où est en cause comme demandeur ou défendeur un indigène des États du protectorat. Cet assesseur assiste, avec voix délibérative, aux débats et à la délibération. Son avis doit être mentionné dans le libellé du jugement. Le tout à peine de nullité. La liste de dix notables, sur laquel sont tirés au sort les deux assesseurs ayant voix délibérative sur la question de culpabilité, que doit s'adjoindre le tribunal supérieur constitué en tribunal criminel, doit être notifiée au moins une heure avant le tirage à l'accusé, qui peut exercer deux récusations péremptoires.

**536.** Cette notification est substantielle quand l'accusé est détenu; son omission emporte nullité si, d'ailleurs, l'accusé n'a nulle part reconnu avoir reçu la copie de ladite liste, remise en fait au concierge de la prison.

## CHAPITRE VI

### DES DEMANDES EN CASSATION

**537.** Est recevable, comme rentrant dans les prévisions de l'article 417 du Code d'Instruction criminelle, le pourvoi du ministère public fondé sur ce qu'un arrêt incident n'aurait été ni légalement prononcé, ni régulièrement motivé.

**538.** Le désistement d'un pourvoi en cassation, pour être valable, doit être donné sur papier timbré et enregistré. En conséquence, le prévenu qui s'est borné à adresser son désistement au procureur général, par simple lettre missive, n'en doit pas moins, à défaut de consignation de l'amende, être déchu de son pourvoi, et, pas suite, être condamné à l'amende envers le Trésor.

**539.** Une lettre par laquelle un condamné annonce au Procureur général l'intention de se pourvoir en cassation ne peut équivaloir à un pourvoi régulier, et la Cour de Cassation, que cette lettre ne peut saisir, déclare qu'il n'y a pas lieu à statuer.

**540.** Quand le pourvoi est fondé sur un autre moyen que ceux énumérés dans l'article 299, il doit être formé dans les trois jours de la signification de l'arrêt.

**541.** En matière politique, le pourvoi doit être formé dans les vingt-quatre heures.

**542.** Le délai de trois jours fixé par l'article 418 du Code d'Instruction criminelle, pour la notification du pourvoi en cassation formé en temps utile, n'est pas prescrit à peine de déchéance.

**543.** La renonciation de l'accusé au droit de se pourvoir contre l'arrêt de mise en accusation doit être expresse.

**544.** Est nul, lorsqu'il ne contient pas de motifs, l'arrêt incident de la Cour d'Assises qui, sur les réquisitions du Ministère public, combattues par la défense, a ordonné que l'accusé serait reconduit dans la prison, et que les débats continueraient hors de sa présence.

**545.** L'arrêt qui, à raison d'un crime commis à l'audience, entraînant la peine des travaux forcés, prononce cette peine contre *un sexagénaire*, au lieu de celle de la réclusion, contrairement à l'article 5 de la loi du 30 mai 1854, est nul quant à l'application de la peine.

**546.** La cassation d'un jugement ou arrêt prononcé

en vertu de l'article 441 n'a pas lieu seulement dans l'intérêt de la loi, mais profite à tous les intérêts lésés, et son effet ne s'arrête que devant un intérêt privé juridiquement reconnu et en opposition avec elle.

**547.** Pour que l'omission de prononcer entraîne nullité, il ne suffit pas que le ministère public ou l'accusé aient fait de simples observations, il faut qu'il y ait eu de leur part une réquisition expresse.

**548.** L'incompétence des juges saisis, de quelque nature qu'elle soit spécialement, *ratione loci*, peut être proposée pour la première fois devant la Cour de Cassation.

**549.** La cassation sur un seul chef d'un arrêt condamnant un individu pour plusieurs délits, entraîne la cassation de l'arrêt dans son entier, si la peine prononcée n'était justifiée que par l'inculpation du chef de laquelle a eu lieu la cassation.

**550.** Les juridictions étant d'ordre public, leur incompétence ne peut être couverte par le silence ou l'acquiescement des parties, et ce moyen peut être proposé, pour la première fois, devant la Cour de Cassation.

**551.** Lorsqu'il y a indivisibilité absolue entre les différents chefs d'accusation résultant d'un même fait, l'annulation doit porter aussi bien sur les faits écartés par le jury que sur ceux sur lesquels une condamnation est intervenue.

**552.** La violation de la loi qui a été commise non dans l'arrêt attaqué, mais dans un arrêt interlocutoire antérieur, qui a acquis l'autorité de la chose jugée, ne peut donner ouverture à cassation.

**553.** Il appartient à la Cour de Cassation d'examiner si les conséquences légales, ou la qualification des faits reconnus constants, ont été exactement appréciés.

**554.** Il y a inconciliabilité entre deux arrêts de Cour d'Assises qui condamnent, l'un trois individus, l'autre un, pour participation au même crime, alors qu'il résulte des pièces de l'une et de l'autre procédure, ainsi que des débats, que trois individus seulement ont coopéré à ce crime. La Cour de Cassation peut, en pareil cas, décider qu'il n'y a inconciliabilité qu'en ce qui touche deux des condamnés, et, par suite, déclarer les arrêts non avenus seulement en ce qui les concerne, et maintenus relativement aux deux autres condamnés.

**555.** La déclaration souveraine du jury sur la date des faits enlève toute base au moyen de prescription opposé en cassation par l'accusé.

**556.** Sont inconciliables, dans le sens de l'article 443 du Code d'Instruction criminelle, les verdicts par lesquels deux jurys différents ont successivement déclaré deux individus non coupables sur le chef principal de tentative de meurtre de la même personne, mais coupables sur une question subsidiaire posée comme résultant des débats, d'avoir volontairement tiré un coup de feu sur cette personne, s'il s'agit d'un seul et même coup de feu n'ayant pu être à la fois le fait de deux accusés, et si, de plus, aucun lien de complicité ne paraît avoir existé entre eux. Si donc l'affaire est en état, c'est le cas pour la Cour de Cassation, en admettant la demande en révision et en annulant les deux arrêts et tout ce qui a précédé jusque et y compris les actes d'accusation, de renvoyer devant une nouvelle Cour d'Assises pour être procédé entre les deux accusés sur les deux arrêts de renvoi maintenus, et sur un nouvel acte d'accusation commun.

**557.** En matière de révision de procès criminels, la Cour de Cassation peut, par un seul et même arrêt, statuer sur la recevabilité en déclarant deux condamnations inconciliables, se déclarer compétente pour statuer au fond lorsque l'exécution d'une des deux condamnations ne permet plus de procéder de nouveau à des débats oraux entre toutes les parties; dire que l'affaire est en état, annuler une des condamnations comme injustement portée; ordonner, en vertu de l'article 1036 du Code de Procédure civile, l'affiche de son arrêt en des lieux déterminés.

**558.** Il y a lieu à révision pour inconciliabilité au cas de deux condamnations prononcées successivement contre deux accusés, à raison du même fait, alors que les pièces de l'instruction et les actes d'accusation établissent qu'aucune complicité n'a pu exister entre eux.

# DEUXIÈME PARTIE

---

MODÈLES DE PROCÈS-VERBAUX, ORDONNANCES, ETC., ETC.

*Cour d'Assises d..... — Présidence de M. X.....*

## ORDONNANCE DE RENVOI

Nous, Président de la Cour d'Assises du département d.....,

Vu la procédure instruite contre le nommé A....., accusé d'assassinat ;

Attendu qu'il est établi par un certificat de médecin, en due et bonne forme, que ledit accusé, qui devait comparaître aujourd'hui devant la Cour d'assises, pour y être jugé, est atteint d'une maladie grave qui le met dans l'impossibilité d'assister aux débats ;

Vu l'article 396 du Code d'Instruction criminelle,

Renvoyons l'affaire du susnommé à une prochaine session.

En notre cabinet, au Palais de Justice, le.....

*Le Président des Assises,*

X.....

———

*Cour d'Assises d..... — Présidence de M. X.....*

## ORDONNANCE DE JONCTION

Nous, Président de la Cour d'Assises du département d.....,

Vu les deux actes d'accusation dressés par M. le Procureur général contre le nommé N....., en date, le premier, du..... mil huit cent....., et le second, du..... de la même année ;

Vu les articles 337 et 365 du Code d'Instruction criminelle ;

Attendu qu'il importe, pour la bonne et prompte administration de la justice, que lesdits deux actes d'accusation soient joints,

Ordonnons la jonction des deux actes d'accusation susdatés et énoncés, pour être soumis à un seul débat et être statué sur le tout par un seul arrêt.

En notre cabinet, au Palais de Justice, le..... mil huit cent.....

*Le Président des Assises,*

X.....

---

*Cour d'Assises d..... — Présidence de M. X.....*

### ORDONNANCE DE DISJONCTION

Nous, Président de la Cour d'Assises du département d.....

Vu l'arrêt en date du....., rendu par la Cour d'appel d.... (Chambre des mises en accusation), lequel renvoie A..... et B..... devant la Cour d'Assises du département d....., sous l'accusation d......;

Vu les articles 306 et 308 du Code d'Instruction criminelle ;

Attendu qu'il est établi que l'accusé A..... est actuellement très-malade, et qu'il est dans l'impossibilité de se présenter aux débats, qui doivent s'ouvrir aujourd'hui,

Disjoignons l'accusation qui le concerne de celle qui concerne B.....

En notre cabinet, au Palais de Justice, le.....

*Le Président des Assises,*

X.....

*Cour d'Assises du département d.....*

DÉSIGNATION DES JURÉS COMPLÉMENTAIRES

*Audience du..... — Présidence de M. X.....*

La Cour, après avoir entendu M. N....., avocat général, en ses réquisitions, et en avoir délibéré ;

Attendu que, par suite des excuses admises par la Cour, les jurés titulaires et supplémentaires réunis ne se trouvent plus présents qu'au nombre de vingt-neuf,

Ordonne que, par le Président de la Cour, il soit immédiatement procédé, en audience publique, et conformément aux dispositions de l'article 393 du Code d'Instruction criminelle, ensemble de l'article 18 de la loi du 4 juin 1853 sur le jury, à un tirage supplémentaire, et par la voie du sort, pour compléter le nombre de trente, nombre indispensable pour la formation des divers jurys de jugement pendant le cours de la présente session.

Fait et prononcé, au Palais de Justice, à....., le....., en audience publique de la Cour d'assises, où siégeaient MM. X....., président ; MM. P..... et R....., conseillers, lesquels, ainsi que M. V....., greffier, ont signé le présent arrêt.

X....., P....., R....., V ....

Et à l'instant même, séance tenante, et l'audience étant toujours publique, M. le Président a fait apporter l'urne des jurés supplémentaires, laquelle avait été scellée lors du dernier tirage, et contenant les noms appartenant exclusivement à des habitants de la ville d....., chef-lieu judiciaire du département d..... Il a été reconnu que la bande de papier scellée était saine et entière, ainsi que les sceau et signatures dont elle était revêtue, et qui y avaient été apposés lors du dernier tirage.

Après avoir agité l'urne pour mêler les bulletins qui y étaient contenus, M. le Président a rompu le scellé et a extrait successivement de ladite urne cinq noms. Ces noms ont été par lui proclamés, au fur et à mesure de leur sortie de l'urne, et sans aucune opposition de la part du ministère public.

Le greffier a immédiatement dressé la liste de ces noms, en suivant l'ordre du tirage; cette liste a été composée comme il suit :

1° B....., notaire;

2° G....., négociant;

3° P....., négociant;

4° V....., banquier;

5° S....., percepteur.

L'opération du tirage étant terminée, M. le Président a remis dans l'urne les cinq bulletins portant les noms susdits, ce service ne devant pas être compté aux jurés y dénommés, d'après la loi. Il a clos l'urne avec une bande de papier blanc, sur laquelle a été apposé le sceau de la Cour d'Assises avec de la cire ardente, et qu'il a signée, ainsi que le greffier, *ne varietur*.

M. le Président a ordonné aux huissiers de la Cour de citer à comparaître à l'heure même, à l'audience de la Cour d'Assises d..... : 1° le sieur B....., premier juré désigné par le sort; en cas d'absence du premier, le deuxième, et ainsi de suite, mais en suivant toujours l'ordre du tirage, jusqu'à ce que l'un d'eux soit trouvé et régulièrement cité. Le sieur V..... s'étant présenté le premier devant la Cour, son nom a été immédiatement placé sur la liste du jury de la présente session, et a ainsi complété le nombre de jurés exigés par la loi pour la formation des divers jurys de jugement, à partir de ce jour, jusqu'à la fin de la session.

De tout ce que dessus, il a été dressé le présent procès-verbal, qui a été signé par M. le Président et le greffier.

X....., V.....

*Cour d'Assises d..... — Présidence de* M. X.....

ARRÊT D'ADJONCTION DE JUGE ET DE JURÉS

L'an mil huit cent..... et le..... heures du matin,

M. X....., président de la Cour d'Assises du département d.....; MM. A..... et B....., assesseurs; M. R....., procureur de la République, et M. C....., greffier, se sont rendus dans la salle d'audience de ladite Cour d'Assises. Les portes de l'auditoire étant ouvertes et l'audience étant publique, M. le Président a annoncé que l'audience était ouverte, et il a été procédé ainsi qu'il suit.....

M. le Procureur de la République s'est levé et a exposé que les débats de cette affaire étant de nature à occuper plusieurs audiences, il requérait qu'il plût à la Cour ordonner qu'il fût adjoint deux jurés suppléants aux douze jurés qui devaient composer le jury de jugement et un assesseur à ceux de Messieurs qui composent la Cour d'assises, et a signé.

R.....

La Cour a de suite délibéré, et M. le Président a prononcé l'arrêt suivant :

« Attendu que le procès actuel est de nature à entraîner de longs débats;

« Vu les articles 4 de la loi du 25 brumaire an VIII et 394 du Code d'Instruction criminelle, dont lecture a été donnée par le Président, et qui sont ainsi conçus.....,

« La Cour ordonne qu'il sera, outre les noms des douze jurés composant le jury de jugement, tiré au sort les noms de deux jurés suppléants, qui assisteront à tous les débats, et qui, le cas échéant, remplaceront celui ou ceux des douze jurés titulaires qui, avant la déclaration définitive du jury, se trouveraient empêchés;

« Ordonne, en outre, que M. P....., juge au tribunal civil d....., assistera pareillement aux débats, pour remplacer celui de Messieurs de la Cour qui, pendant le cours du procès actuel, se trouverait légitimement empêché.

« Et ont signé le Président et le greffier.

« X...., C..... »

## PLAN DES LIEUX

Le Procureur général près la Cour d'appel d.....,

Vu la procédure instruite contre les nommés X..... et Y...., inculpés d'assassinat;

Vu l'article 136 du décret du 18 juin 1811;

Attendu que le plan des lieux est nécessaire à l'intelligence de la procédure,

Autorise M. le juge d'instruction de M..... à faire procéder à la confection dudit plan par tel géomètre expert qu'il jugera à propos de nommer.

Fait au Parquet de la Cour de...., le..... 18.....

*Le Procureur général,*

B.....

## ORDONNANCE

Nous, X...., conseiller à la Cour d'appel d....., nommé commissaire instructeur par arrêt de la Chambre des mises en accusation, en date du....., pour procéder au supplément d'information dans la procédure instruite contre le nommé P....., prévenu de faux et d'abus de confiance qualifiés.

Ordonnons que par M....., il sera procédé.

A....., le..... 18.....

Au Palais de la Cour d'appel.

X.....

---

## PRESTATION DE SERMENT

L'an mil huit cent. ..., et le....., devant nous, commissaire instructeur, et dans notre cabinet, au Palais de la Cour d'appel d....., assisté de M. C....., commis greffier assermenté,

Ont comparu.....,

Lesquels, conformément à notre ordonnance en date du....., ont prêté entre nos mains le serment voulu par la loi, aux fins de procéder ensuite à l'exécution du mandat à eux donné dans notre dite ordonnance, et immédiatement nous avons fait remise auxdits experts des pièces qui doivent être soumises à la vérification.

---

### ORDONNANCE

Nous, X....., premier président de la Cour d'appel d......,

Vu la procédure instruite contre le nommé C....., accusé d'incendie;

Vu l'art. 257 du Code d'Instruction criminelle;

Attendu que M. le conseiller D..... est président de la session des Assises du département d....., du..... trimestre 18.....;

Attendu que les membres de la Cour d'appel qui ont voté sur la mise en accusation d'un prévenu ne peuvent dans la même affaire, ni présider les Assises, ni assister le Président;

Attendu que M. le conseiller D..... a connu de l'affaire C.....,

Par ces motifs,

Nommons, pour remplacer M. le conseiller D..... à l'audience de la Cour d'assises, dans l'ordre voulu par la loi, M. le conseiller S.....

Fait, en notre hôtel, à....., le..... 18.....

    X.....               M....., *commis greffier.*

---

### ORDONNANCE

Nous, X....., conseiller à la Cour d'appel, président de la Cour d'assises du département d....., pour le..... trimestre 18.....,

Vu l'article 306 du Code d'Instruction criminelle et l'arrêt de la Cour de ce jour;

Attendu que le nommé K..... n'a pu comparaître à l'audience de ce jour pour suivre les débats ouverts contre lui et autres, accusés de faux, de banqueroute frauduleuse et de complicité, etc. ;

Qu'il importe de faire établir par un médecin expert le véritable état de santé de cet accusé, et de lui donner pour mandat de dire si, oui ou non, ledit K..... peut soutenir la fatigue occasionnée par les débats à suivre,

Commettons M. le docteur N..... à ces fins, et ordonnons que ce médecin prêtera serment en nos mains de bien et fidèlement remplir son mandat.

A....., le..... 18.....

      X.....                      V....., *commis greffier.*

Devant nous, Président de ladite Cour d'assises et dans notre cabinet, au Palais de la Cour d'appel d....., assisté de M. V....., greffier,

A comparu M. le docteur N....., lequel, conformément à l'arrêt de ce jour et à notre ordonnance, a prêté le serment voulu par la loi, aux fins de procéder ensuite à l'exécution du mandat à lui donné et nous en faire son rapport.

A....., le..... 18.....

      X.....          N.....          V....., *commis greffier.*

---

## NOTE

Lorsqu'un accusé est en état de récidive et qu'il est déclaré coupable par le jury d'un crime qui, sans la récidive, entraîne les travaux forcés à temps, par cela seul qu'il est en récidive, c'est le maximum de la peine des travaux forcés qui doit lui être appliquée.

Si dans ce cas il y a des circonstances atténuantes, la

Cour doit descendre d'un degré, c'est-à-dire ne peut appliquer que le minimum des travaux forcés, mais elle ne peut pas descendre jusqu'à l'emprisonnement ; elle doit s'arrêter à la réclusion.

Ainsi donc, un accusé reconnu coupable de vol avec escalade, et avec l'admission des circonstances atténuantes, peut être condamné aux travaux forcés ou à la réclusion, mais non à l'emprisonnement.

S'il est reconnu coupable de vol, la nuit et dans une maison habitée, ce crime emportant la réclusion, il peut, avec les circonstances atténuantes, être condamné au minimum ou à cinq ans de prison.

Cela résulte de la combinaison de l'article 463, § 8, et de l'article 57 sur la récidive.

On peut toujours élever la peine jusqu'au double, et on doit prononcer la surveillance de cinq à dix ans.

———

## LOI RELATIVE A LA SURVEILLANCE DE LA HAUTE POLICE

### (23 janvier 1874.)

ART. 46. — En aucun cas, la durée de la surveillance ne pourra excéder *vingt années.*

Les coupables condamnés aux travaux forcés à temps, à la détention et à la réclusion, seront *de plein droit,* après qu'ils auront subi leur peine et pendant *vingt années,* sous la surveillance de la haute police.

Néanmoins l'arrêt ou le jugement de condamnation pourra *réduire* la durée de la surveillance ou *même déclarer* que les condamnés n'y seront pas soumis.

Tout condamné à des peines perpétuelles qui obtiendra

commutation ou remise de sa peine, sera, s'il n'en est autrement disposé par la décision gracieuse, de plein droit sous la surveillance de la haute police pendant vingt ans.

ART. 47. — Les coupables condamnés au bannissement seront de plein droit sous la même surveillance pendant un temps égal à la durée de la peine qu'ils auront subie, à moins qu'il n'en ait été disposé autrement par l'arrêt ou le jugement de condamnation.

Dans les cas prévus par le présent article et par les paragraphes 2 et 3 de l'article précédent, si l'arrêt ou le jugement ne contient pas *dispense* ou *réduction* de la surveillance, mention sera faite, *à peine de nullité*, qu'il en a été délibéré.

ART. 48. — La surveillance pourra être remise ou réduite par voie de grâce.

Elle pourra être suspendue par mesure administrative.

La prescription de la peine ne relève pas le condamné de la surveillance à laquelle il est soumis.

En cas de prescriptions d'une peine perpétuelle, le condamné sera de plein droit sous la surveillance de la haute police pendant vingt années.

La surveillance ne produit son effet que du jour où la prescription est accomplie.

---

### DÉCRET DU 27 NOVEMBRE 1870

Les trois derniers paragraphes de l'article 463 du Code Pénal sont abrogés et remplacés par les dispositions suivantes :

« Dans tous les cas où la peine de l'emprisonnement et

celle de l'amende sont prononcées par le Code Pénal, si les circonstances paraissent atténuantes, les tribunaux correctionnels sont autorisés, même en cas de récidive, à réduire l'emprisonnement même au-dessous de six jours et l'amende même au-dessous de 16 francs. Ils pourront aussi prononcer séparément l'une ou l'autre de ces peines, et même substituer l'amende à l'emprisonnement, sans qu'en aucun cas elle puisse être au-dessous des peines de simple police.

# TROISIÈME PARTIE

---

## FORMULE DES QUESTIONS

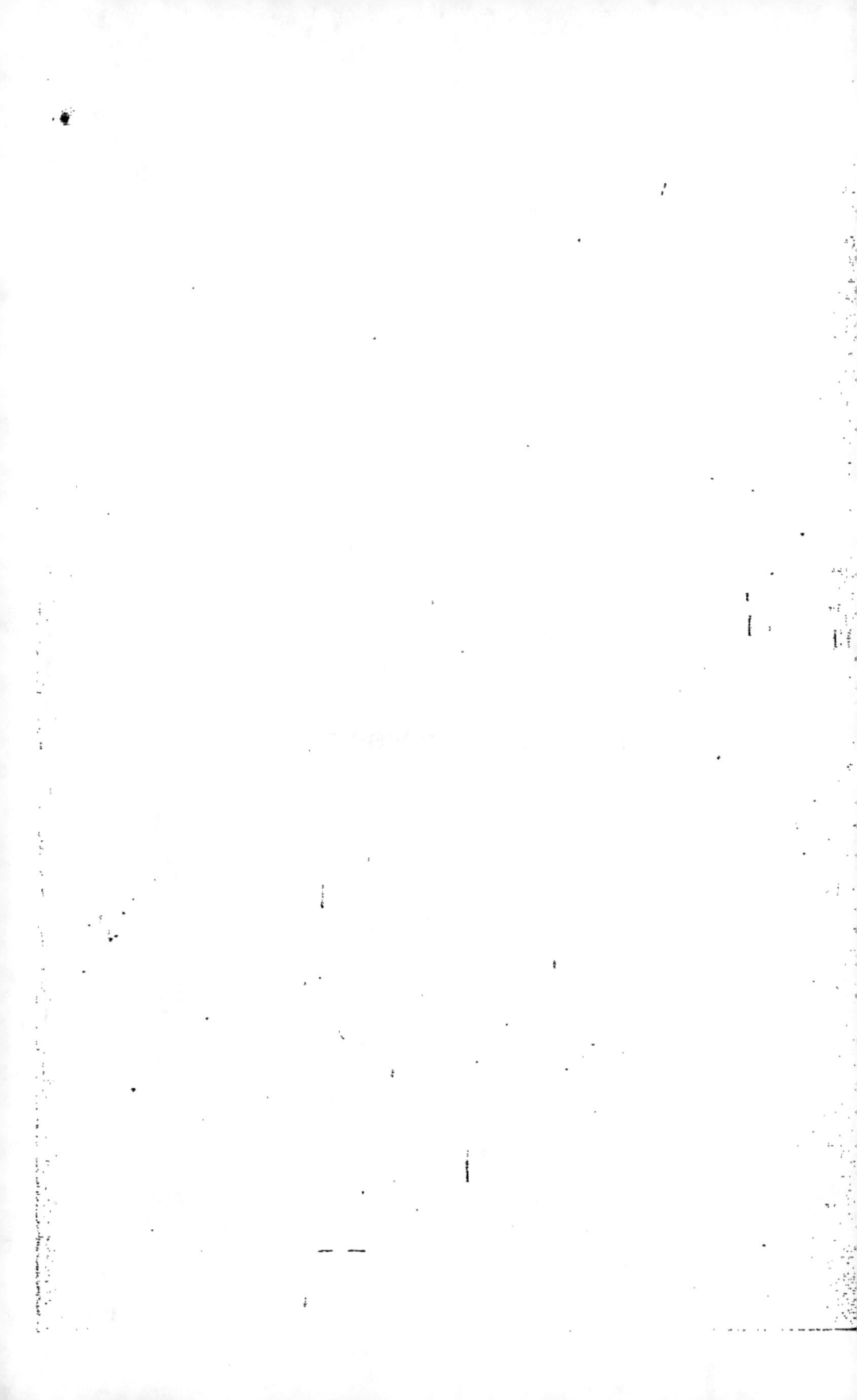

# CODE PÉNAL

## DISPOSITIONS PRÉLIMINAIRES

(Loi décrétée le 12 février 1810, promulguée le 22 du même mois.)

### TENTATIVE

**ARTICLE PREMIER. —** Néant.

**ART. 2. —** Q. P. X..... est-il coupable d'avoir, le....., à....., tenté de soustraire frauduleusement tels objets, tentative manifestée par un commencement d'exécution et qui n'a été suspendue ou n'a manqué son effet que par des circonstances indépendantes de la volonté de son auteur?

(Les circonstances aggravantes qui se rapportent à chaque crime doivent être énumérées séparément après la question relative à la tentative. Dans le cas d'une omission à cet égard, voir la nullité au chap. Ier.)

# LIVRE DEUXIÈME

*Des personnes punissables, excusables ou responsables pour crimes ou pour délits.*

### CHAPITRE UNIQUE

ART. 59. — Néant.

ART. 60. — Q. P. X..... est-il coupable d'avoir le....., à....., par dons, promesses, menaces, abus d'autorité ou de pouvoir, machinations ou artifices coupables, provoqué à telle action ou donné des instructions pour la commettre?

Q. P. X..... est-il coupable d'avoir, le....., à....., procuré des armes, des instruments ou tout autre moyen qui aura servi à l'action, sachant qu'ils devaient y servir?

Q. P. X..... est-il coupable d'avoir, le....., à....., avec connaissance, aidé ou assisté, l'auteur ou les auteurs de l'action, dans les faits qui l'ont préparé ou facilité, ou dans ceux qui l'auront consommé?

ART. 61. — Q. P. X..... est-il coupable d'avoir, le....., à....., fourni habituellement logement, lieu de retraite ou de réunion au sieur B....., recéleur, déjà condamné pour crime ou délit, dont il connaissait la conduite criminelle et qui s'est rendu coupable de telle action?

ART. 62. — Q. P. X..... est-il coupable d'avoir, le....., à....., recélé sciemment, en tout ou en partie, les choses enlevées, détournées ou obtenues à l'aide de telle action?

ART. 63. — Circ. ag. Au temps du recélé, l'accusé avait-il connaissance que le crime a été commis avec la circonstance de (répéter les circ. ag. qui ont accompagné le crime).

Art. 64. — Question d'excuse. — Au temps de l'action, l'accusé était-il en état de démence?

Q. P. Au temps de l'action, l'accusé a-t-il été contraint par une force à laquelle il n'a pu résister?

Art. 67 et 69. — X..... est-il coupable d'avoir, le....., à....., volontairement donné la mort au Sr B.....?

Q. P. L'accusé, à cette époque, avait-il moins de seize ans? (Réservé.)

Question d'excuse. — L'accusé, à cette époque, a-t-il agi avec discernement?

## LIVRE TROISIÈME
*Des crimes, des délits et de leur punition.*

### TITRE PREMIER
Crimes et délits contre la chose publique.

### CHAPITRE PREMIER
Crimes et délits contre la sûreté de l'État.

#### SECTION PREMIÈRE
Des crimes et délits contre la sûreté extérieure de l'État.

Art. 75. — Q. P. X....., Français, est-il coupable d'avoir, le....., à......, porté les armes contre la France?

Art. 76. — Q. P. X..... est-il coupable d'avoir, le....., à......, pratiqué des machinations, entretenu des intelligences avec les puissances étrangères ou leurs agents pour les engager à commettre des hostilités ou à entreprendre la guerre contre la France, ou pour leur en procurer les moyens?

ART. 77. — Q. P. X..... est-il coupable d'avoir, le....., à....., pratiqué des manœuvres ou entretenu des intelligences avec les ennemis de l'État, à l'effet de faciliter leur entrée sur le territoire de la République ou de leur livrer des villes, forteresses, places, portes, ports, magasins, arsenaux, vaisseaux ou bâtiments appartenant à la France, ou de fournir aux ennemis des secours en soldats, hommes, argent, vivres, armes ou munitions, ou de seconder le progrès de leurs armes sur les possessions ou contre les forces françaises de terre ou de mer, soit en ébranlant la fidélité des officiers, soldats, matelots ou autres envers l'État, soit de toute autre manière?

ART. 80. — Circ. ag. A l'époque où le crime prévu et puni par l'article 76 a été commis, l'accusé était-il l'agent du gouvernement ou était-il chargé ou instruit officiellement, ou à raison de son état, du secret d'une négociation ou d'une expédition, l'a-t-il livrée aux agents d'une puissance étrangère ou de l'ennemi?

Circ. ag. — A l'époque où..... etc., étant parvenue par corruption, fraude ou violence, à soustraire lesdits plans, les a-t-il livrés à l'ennemi ou aux agents d'une puissance étrangère?

ART. 83. — Q. P. X..... est-il coupable d'avoir, le....., à.... , recélé ou fait recéler les espions ou les soldats ennemis envoyés à la découverte et qu'il a connus pour tels?

ART. 84. — Q. P. X..... est-il coupable d'avoir, le....., à....., par des actions hostiles non approuvées par le gouvernement, exposé l'État à une déclaration de guerre?

Cir. ag. — La guerre s'en est-elle suivie?

ART. 85. — Q. P. X... est-il coupable d'avoir, le....., à....., par des actes non approuvés par le gouvernement, exposé des Français à éprouver des représailles?

## CHAPITRE II

Crimes et délits contre la Constitution.

### SECTION PREMIÈRE

Des crimes et délits relatifs à l'exercice des droits civiques.

ART. 109.

ART. 110.

ART. 111. — Q. P. X..... est-il coupable d'avoir, le....., à....., étant chargé dans un scrutin du dépouillement des billets contenant les suffrages des citoyens, été surpris falsifiant ces billets ou en soustrayant de la masse, ou en ajoutant, ou inscrivant sur les billets des votants non lettrés des noms autres que ceux qui lui auront été déclarés?

### SECTION II

Attentats à la liberté (Réservé).
ε

### SECTION III

Coalition des fonctionnaires (Réservé).

### SECTION IV

Empiétement des autorités administratives et judiciaires (Réservé).

## CHAPITRE III

Crimes et délits contre la paix publique.

### SECTION PREMIÈRE

Du Faux.

§ 1. — Fausse monnaie.

ART. 132. — Q. P. X..... est-il coupable d'avoir, le....., à....., frauduleusement contrefait ou altéré telle pièce de monnaie d'or ou monnaie d'argent ayant cours légal en France?

Q. P. X..... est-il coupable d'avoir, le....., à....., frauduleusement participé à l'émission, à l'exposition ou à l'introduction sur le territoire français, de telle pièce contrefaite ou altérée, monnaie d'or ou monnaie d'argent, ayant cours légal en France?

Q. P. X..... est-il coupable d'avoir, le....., à....., frauduleusement contrefait ou altéré telle pièce de monnaie de billon ou de cuivre ayant cours légal en France?

Q. P. X..... est-il coupable d'avoir, le....., à....., frauduleusement participé à l'émission ou exposition desdites monnaies contrefaites ou altérées?

Q. P. X..... est-il coupable d'avoir, depuis moins de dix ans, frauduleusement participé à l'introduction desdites monnaies de billon ou de cuivre sur le territoire français

Art. 133. — Q. P. X..... est-il coupable d'avoir, depuis moins de dix ans, en France, frauduleusement contrefait ou altéré les monnaies étrangères ayant cours légal en France

Q. P. X..... est-il coupable d'avoir, depuis moins de dix ans, en France, frauduleusement participé à l'émission de telles monnaies étrangères ayant cours légal en France?

Q. P. X..... est-il coupable d'avoir, depuis moins de dix ans, exposé ou introduit en France des monnaies étrangères contrefaites ou altérées ayant cours légal en France?

Art. 135. — Question d'excuse. — L'accusé a-t-il reçu pour bonnes lesdites pièces fausses dont il a fait usage après en avoir vérifié ou fait vérifier les vices?

Note. — La Cour ne peut, sous peine de nullité, se refuser de poser la question d'excuse résultant de l'article 135.

Art. 138. — Question d'excuse. L'accusé, avant la consommation du crime et avant toutes poursuites, en a-t-il donné connaissance, et en a-t-il révélé les auteurs aux autorités constituées?

Question d'excuse. — L'accusé a-t-il, après les poursuites commencées, procuré l'arrestation des autres coupables?

NOTE. — (Voir p. 114.)

### § 2. — Contrefaçon des sceaux de l'État, des billets de banque, des effets publics.

ART. 139. — Q. P. X..... est-il coupable d'avoir, depuis moins de dix ans, contrefait le sceau de l'État ou fait usage du sceau contrefait?

Q. P. X..... est-il coupable d'avoir, depuis moins de dix ans, contrefait ou falsifié des effets émis par le Trésor public avec son timbre?

Q. P. X..... est-il coupable d'avoir, à la même époque et au même lieu, sciemment fait usage desdits effets?

Q. P. X..... est-il coupable d'avoir, depuis moins de dix ans, contrefait ou falsifié des billets de banque autorisés par la loi?

Q. P. X..... est-il coupable d'avoir, à la même époque et au même lieu, sciemment fait usage desdits billets de banque?

Q. P. X..... est-il coupable d'avoir, à la même époque et au même lieu, introduit lesdits billets de banque dans l'enceinte du territoire français?

ART. 140. — Q. P. X..... est-il coupable d'avoir, depuis moins de dix ans, contrefait ou falsifié un ou plusieurs timbres nationaux?

Q. P. X..... est-il coupable d'avoir, depuis moins de dix ans, à....., contrefait ou falsifié les marteaux de l'État servant aux marques forestières?

Q. P. X..... est-il coupable d'avoir, depuis moins de dix ans, à....., contrefait ou falsifié le poinçon ou les poinçons servant à marquer les matières d'or et d'argent?

Q. P. X..... est-il coupable d'avoir, depuis moins de dix ans, à....., sciemment fait usage des papiers effets, timbres, marteaux ou poinçons, falsifiés ou contrefaits? (Selon les cas.)

ART. 141. — Q. P. X..... est-il coupable de s'être, depuis moins de dix ans, à....., indûment procuré les vrais timbres, marteaux ou poinçons (selon les cas), ayant l'une des destinations ci-dessus exprimées, et fait une application ou usage préjudiciable aux droits ou intérêts de l'Etat?

### § 3 — Des faux en écriture publique ou authentique, et de commerce ou de banque.

ART. 145. — Q. P. X..... est-il coupable d'avoir, le....., à....., dans l'exercice de ses fonctions de notaire, etc., commis un faux dans tel acte, soit par fausses signatures, soit par altération des actes, écritures ou signatures, soit par supposition de personnes, soit par des écritures faites ou intercalées sur des registres ou d'autres actes publics, depuis leur confection ou clôture?

ART. 146. — Q. P. X..... est-il coupable d'avoir, le...., à....., dans l'exercice de ses fonctions de notaire, etc., en rédigeant tel acte, frauduleusement dénaturé sa substance ou ses circonstances, soit en écrivant des conventions autres que celles qui auraient été tracées ou dictées par les parties, soit en constatant comme vrais des faits faux, ou comme avoués des faits qui ne l'étaient pas?

ART. 147. — Q. P. X..... est-il coupable d'avoir, le....., à....., commis un faux en écriture authentique et publique, dans tel acte, soit par contrefaçon ou altération d'écritures ou de signatures, soit par fabrication de conventions, dispositions, obligations ou décharges, ou par leur insertion après coup dans ces actes, soit par addition ou altération de clauses, de déclarations ou de faits que ces actes avaient pour objet de recevoir et de constater?

Q. P. X..... est-il coupable d'avoir, le....., à....., commis un faux en écriture de commerce ou de banque, dans tel acte? (La suite comme dans la question précédente.)

Art. 148. — Q. P. X..... est-il coupable d'avoir, le....., à....., sciemment fait usage desdits actes faux?

### § 4. — Du faux en écriture privée.

Art. 150. — Q. P. X..... est-il coupable d'avoir, le....., à....., commis un faux en écriture privée dans tel acte, soit par contrefaçon ou altération d'écritures ou de signatures, soit par fabrication de conventions, dispositions, obligations ou décharges, ou par leur insertion après coup dans ces actes, soit par addition ou altération de clauses, de déclarations ou de faits que ces actes avaient pour objet de recevoir et de constater?

Art. 151. — Q. P. X..... est-il coupable d'avoir, le....., à....., sciemment fait usage de la pièce fausse?

### § 5. — Des faux commis dans les passe-ports, permis de chasse, feuilles de route et certificats.

Art. 158. — Circ. ag. X....., officier public, était-il instruit de la supposition de nom lorsqu'il a délivré la feuille de route?

Art. 162. — Circ. ag. Est-il résulté du faux certificat délivré par X....., officier public (maire, etc.), lésion envers des tiers?

Circ. ag. Est-il résulté du faux certificat délivré par X....., officier public (maire, etc.), un préjudice envers le Trésor public?

### SECTION II

De la forfaiture et des crimes et délits des fonctionnaires publics dans l'exercice de leurs fonctions.

Q. P. X..... est-il coupable d'avoir, le.:...., à....., étant maire, frauduleusement fabriqué ou fait fabriquer un certificat, conférant légalement des droits ou des capacités?

§ 1. — Des soustractions commises par les dépositaires publics.

ART. 169. — Q. P. X..... est-il coupable d'avoir, le....., à....., détourné ou soustrait tels objets appartenant à B....., lesquels étaient entre ses mains, en vertu de ses fonctions de percepteur, etc.?

Circ. ag. Les choses détournées ou soustraites sont-elles d'une valeur au-dessus de 3,000 fr.?

ART. 170. — X..... est-il coupable d'avoir, le....., à....., détourné ou soustrait tels objets appartenant à B....., lesquels étaient entre ses mains, en vertu de ses fonctions de percepteur, etc.?

Circ. ag. La valeur des choses détournées ou soustraites égale-t-elle ou excède-t-elle le tiers des deniers reçus par l'accusé ou des deniers déposés entre les mains de l'accusé, égale-t-elle ou excède-t-elle le tiers du cautionnement attaché à la place de l'accusé, égale-t-elle ou excède-t-elle le tiers du produit commun de la recette que faisait l'accusé pendant un mois?

Art. 172. — Q. P. X..... est-il coupable d'avoir, le....., à....., détruit, supprimé, soustrait ou détourné tel titre dont il était dépositaire, en sa qualité de juge, administrateur, etc....., ou tel titre qui lui avait été remis ou communiqué, à raison de ses fonctions de juge, etc.?

Q. P. X..... est-il coupable d'avoir, le....., à...., détruit, supprimé, soustrait ou détourné tels actes ou titres dont il était dépositaire, en qualité d'agent préposé ou commis, soit du gouvernement, soit de dépositaires publics?

§ 2. — Des concussions commises par des fonctionnaires publics.

ART. 174. — Q. P. X..... est-il coupable d'avoir, le.....,

à....., en qualité de receveur particulier, etc., greffier et officier ministériel, ordonné de percevoir, exigé ou reçu du nommé B..... ce qu'il savait n'être pas dû, ou excéder ce qui était dû pour droits, taxes, contributions, deniers ou revenus, ou pour salaire ou traitement.

### §. 4. — De la corruption des fonctionnaires.

Art. 177. — Q. P. X..... est-il coupable d'avoir, le....., à....., en sa qualité de procureur de la République, etc., préfet, etc., agréé des offres ou promesses, reçu des dons ou présents pour faire telle chose, actes de sa fonction ou de son emploi non sujet à salaire, ou pour s'abstenir de faire telle chose, actes qui entraient dans l'ordre de ses devoirs ?

Q. P. X..... est-il coupable d'avoir le....., à....., en sa qualité d'arbitre ou expert, nommé soit par le tribunal, soit par les parties, agréé des offres ou promesses, reçu des dons ou présents, pour rendre une décision ou donner une opinion favorable à l'une des parties.

Art. 178. — Circ. ag. La corruption a-t-elle eu pour objet la perpétration d'un fait criminel ?

Art. 179. — Q. P. X..... est-il coupable d'avoir, le....., à....., contraint par voies de fait ou menaces, ou corrompu par promesses, offres ou dons, le sieur B....., préfet, pour obtenir de lui qu'il fît telle chose, acte de sa fonction ?

Art. 181. — Circ. ag. Le fonctionnaire qui s'est laissé corrompre, soit en faveur, soit au préjudice de l'accusé, était-il un juge prononçant en matière criminelle ?

Circ. ag. Le fonctionnaire qui s'est laissé corrompre, soit en faveur, etc., était-il un juré ?

Art. 182. — Circ. ag. Par l'effet de la corruption, y a-t-il eu condamnation à une peine supérieure à celle de la réclusion ?

Art. 182. — Q. P. X..... est-il coupable d'avoir, le.....,

à....., en sa qualité de juge ou administrateur, décidé par faveur pour une partie ou par inimitié contre elle?

## § 5. — Des abus d'autorité.

### PREMIÈRE CLASSE

Des abus d'autorité contre les particuliers.

**ART. 184.** — Q. P. X..... est-il coupable de s'être, le....., à....., en sa qualité de Préfet ou Procureur, etc., introduit dans le domicile de B....., contre son gré, hors les cas prévus par la loi et sans les formalités qu'elle a prescrites?

### DEUXIÈME CLASSE

Des abus d'autorité contre la chose publique.

Q. P. X..... est-il coupable d'avoir, le....., à....., en sa qualité de fonctionnaire public, agent ou préposé du gouvernement, de quelque état ou grade qu'il soit, requis ou ordonné, fait requérir ou ordonner l'action ou l'emploi de la force publique contre l'exécution d'une loi ou contre la perception d'une contribution légale, ou contre l'exécution soit d'une ordonnance ou mandat de justice, soit de tout autre ordre, émané de l'autorité légitime?

Circ. ag. Cette réquisition ou cet ordre ont-ils été suivis de leur effet?

### DISPOSITIONS PARTICULIÈRES

**ART. 198.** — Q. P. X....., fonctionnaire public, est-il coupable d'avoir le....., à....., participé à d'autres crimes et délits qu'il était chargé de réprimer?

## SECTION IV

Résistance, désobéissance et autres manquements envers l'autorité publique.

### § 1. — Rébellion.

ART. 209. — X..... est-il coupable d'avoir, le....., à....., commis une attaque, une résistance avec violences et voies de fait envers telle personne (gendarme), agissant pour l'exécution des lois, des ordres et ordonnances de l'autorité publique, des mandats de justice ou jugements?

ART. 210. — Circ. ag. Cette attaque, cette résistance a-t-elle été commise par plus de vingt personnes armées?

ART. 211. — Circ. ag. La rébellion a-t-elle été commise par une réunion armée de trois personnes ou plus jusqu'à vingt inclusivement?

### § 2. — Outrages, etc.

ART. 231. — Q. P. X..... est-il coupable d'avoir, le....., à....., commis des violences ou voies de fait de l'espèce exprimée en l'article 228 contre un officier ministériel, etc., pendant qu'il exerçait son ministère ou à cette occasion.

Circ. ag. — Ces violences exercées contre ledit fonctionnaire ont-elles été la cause d'effusion de sang, blessures ou maladies?

Circ. ag. — Les violences exercées contre ledit fonctionnaire ont-elles entraîné la mort dans les quarante jours?

ART. 232. — Circ. ag. Ces violences, qui n'ont pas causé d'effusion de sang, blessures ou maladie, ont-elles été faites avec préméditation?

Circ. ag. — Ces violences, qui n'ont pas causé d'effusion de sang, blessures ou maladies, ont-elles été faites de guet-apens?

Art. 233. — Circ. ag. Ces coups ainsi portés et ces blessures ont-elles été faites avec intention de donner la mort?

Circ. ag. — Ces coups ont-ils été portés au sieur B.....
(sa qualité) pendant qu'il exerçait son ministère ou à cette
occasion?

§ 4. — Évasion de détenus. — Recèlement de criminels.

Art. 239. — Q. P. X..... est-il coupable d'avoir, le.....,
à....., favorisé l'évasion de B....., accusé d'un crime de nature à entraîner une peine afflictive à temps, ou condamné
pour crime *de connivence?*

Art. 240. — Q. P. X..... est-il coupable d'avoir, en sa qualité de conducteur ou gardien, le....., à....., laissé évader
B....., accusé de crime de nature à entraîner la peine de
mort ou des peines perpétuelles, ou condamné à l'une de
ces peines, *de connivence?*

Art. 243. — Q. P. X..... est-il coupable d'avoir, en sa qualité de gardien ou conducteur, le....., à....., favorisé l'évasion avec bris et violence, par transmission d'armes?

Q. P. X..... est-il coupable d'avoir, le....., à....., favorisé
l'évasion avec bris et violence par transmission d'armes?

§ 5. — Bris de scellés et enlèvement de pièces dans les dépôts publics.

Art. 253. — Q. P. X..... est-il coupable d'avoir, le.....,
à....., commis volontairement une soustraction frauduleuse
à l'aide d'un bris de scellés?

Art. 254. — Q. P. X..... est-il coupable d'avoir, le....., à.....,
soustrait, détourné et enlevé des pièces ou des procédures
criminelles ou d'autres papiers, registres, actes et effets
contenus dans les archives, greffes ou dépôts publics, ou
remis à un dépositaire public en cette qualité?

Art. 255. — Circ. ag. Était-il, au moment de l'action,
greffier, archiviste, notaire ou autre dépositaire?

Circ. ag. — La soustraction, destruction ou enlèvement
étaient-ils l'ouvrage du dépositaire lui-même?

ART. 256. — Circ. ag. Le bris de scellés, les soustractions, enlèvements ou destructions de pièces, ont-ils été commis avec violence envers les personnes?

§ 7. — Entraves au libre exercice des cultes.

ART. 263. — Q. P. X..... est-il coupable d'avoir, le....., à....., frappé B....., ministre d'un culte reconnu par l'État, dans l'exercice de ses fonctions?

### SECTION V

§ 1. — Associations de malfaiteurs.

ART. 256. — Q. P. X..... est-il coupable d'avoir, le....., à....., organisé une bande ou des correspondances entre le chef de la bande ou son commandant, ou fait des conventions tendant à rendre compte ou à faire distribution et partage du produit des méfaits, lors même que ce crime n'aurait été suivi ou accompagné d'un autre crime ?

ART. 267. — Circ. ag. X..... est-il coupable d'avoir, le....., à....., rempli *un rôle quelconque* dans ces bandes (spécifier le rôle).

ART. 268. — Circ. ag. X..... est-il coupable d'avoir, le....., à....., sciemment et volontairement fourni aux bandes ou à leur division des armes, munitions, instruments de crime, logement, retraite ou lieu de réunion?

*Dispositions communes aux vagabonds et mendiants.*

ART. 277. — Q. P. X..... est-il coupable d'avoir, le....., à....., été trouvé mendiant ou vagabond?

ART. 277 et 279.

Circ. ag. A cette époque, l'accusé se livrait-il à la mendicité ?

Circ. ag. A cette époque, l'accusé se livrait-il au vaga-
bondage?

Circ. ag. L'accusé était-il travesti?

Circ. ag. L'accusé était-il porteur d'armes?

Circ. ag. L'accusé était-il muni de limes, crochets ou autres instruments propres à commettre des vols, ou à lui
procurer les moyens de pénétrer dans les maisons?

Q. P. (tentative). — X..... est-il coupable d'avoir, à.....,
le....., lorsqu'il était mendiant ou vagabond, tenté d'exercer
des violences envers le sieur B.....? (tentative manifestée,
etc.).

Circ. ag. Dans ce moment, l'accusé était-il travesti?
(Mêmes questions que pour le crime.)

---

## AVERTISSEMENT

### PREMIÈRE PARTIE
Nullités.

### DEUXIÈME PARTIE
Position des questions dans les accusations.

### TITRE II
Crimes et délits contre les particuliers.

### CHAPITRE PREMIER
Crimes et délits contre les personnes.

### SECTION PREMIÈRE
Meurtres et autres crimes capitaux. — Menaces d'attentat contre
les personnes.

§ 1. — Meurtre. — Assassinat. — Parricide. — Infanticide. —
Empoisonnement.

ART. 295. — Q. P. X..... est-il coupable d'avoir, le.....,

à....., commis volontairement un homicide sur la personne de B.....?

ART. 296. — Circ. ag. L'accusé a-t-il agi avec préméditation? — Circ. ag. L'accusé a-t-il agi de guet-apens?

Art. 299. — Q. P. X.... est-il coupable d'avoir, le....., à....., commis volontairement un homicide sur la personne de son père légitime (naturel ou adoptif), ou son aïeul légitime?

ART. 300. — Q. P. X..... est-elle coupable d'avoir, le....., à....., donné volontairement la mort à son enfant nouveau-né?

ART. 301. — Q. P. X..... est-il coupable d'avoir, le....., à......, attenté volontairement à la vie de B....., par l'effet de substances pouvant donner la mort plus ou moins promptement?

ART. 303. — Circ. ag. L'accusé, pour l'exécution de son crime, a-t-il employé des tortures, ou commis des actes de barbarie?

ART. 304. — Circ. ag. L'homicide volontaire a-t-il précédé, accompagné ou suivi le crime ci-dessus spécifié?

Circ. ag. L'homicide volontaire a-t-il eu pour objet, soit de préparer, faciliter ou exécuter le délit de..... ci-dessus spécifié, soit de favoriser la fuite ou d'assurer l'impunité des auteurs ou complices de ce délit?

Question d'excuse. Ces coups ou ces blessures volontaires ont-ils été portés ou faits par G..... à l'instant où il a surpris A..... en flagrant délit d'adultère avec son épouse légitime, dans la maison conjugale?

### § 2. — Menaces.

ART. 305. — Q. P. X..... est-il coupable d'avoir, le....., à....., par un écrit anonyme ou par un écrit signé, menacé le sieur A..... de le tuer, de l'empoisonner, etc.?

Circ. ag. Cette menace a-t-elle été accompagnée de tel ordre *ou* de telle condition ?

SECTION II

Blessures et coups volontaires non qualifiés. — Meurtres et autres crimes et délits volontaires.

ART. 309. — Q. P. X..... est-il coupable d'avoir, le....., à....., volontairement porté des coups et fait des blessures à B.....?

Circ. ag. Ces blessures faites et ces coups portés volontairement ont-ils occasionné à B..... une maladie ou incapacité de travail personnel pendant plus de vingt jours ?

ART. 319. — Circ. ag. Ces coups portés et ces blessures faites volontairement, mais sans intention de donner la mort, l'ont-ils pourtant occasionnée ?

ART. 309. — Circ. ag. Ces coups portés et ces blessures faites volontairement ont-ils été suivis de mutilation, amputation ou privation de l'usage d'un membre, cécité, perte d'un œil, ou autre infirmité permanente ?

ART. 310. — Circ. ag. L'accusé a-t-il agi avec préméditation ?

Circ. ag. L'accusé a-t-il agi de guet-apens ?

ART. 312. — Circ. ag. L'accusé était-il le fils légitime, naturel ou adoptif de..... ou petit-fils légitime de.....?

ART. 316. — Q. P. X..... est-il coupable d'avoir, le....., à....., mutilé sur la personne de B..... l'organe nécessaire à la génération ?

Circ. ag. La mort, avant l'expiration de quarante jours, s'en est-elle suivie ?

ART. 317. — Q. P. X..... est-il coupable d'avoir, le....., à....., par aliments, breuvages, médicaments, violences ou par tout autre moyen, procuré volontairement l'avortement de C....., alors enceinte ?

Q. P. C..... est-elle coupable de s'être, le....., à....., lorsqu'elle était enceinte, procuré volontairement l'avortement à elle-même, par aliments, breuvages, etc., lequel s'en est suivi ?

Q. P. C..... est-elle coupable d'avoir, le....., à....., consenti, étant alors enceinte, à faire usage des moyens à elle indiqués ou administrés, à l'effet de se procurer l'avortement, lequel s'en est suivi ?

Circ. ag. L'accusé est-il médecin, chirurgien, pharmacien, officier de santé, sage-femme ?

ART. 317. — Q. P. X..... est-il coupable d'avoir, le....., à....., volontairement occasionné à B..... une maladie ou incapacité de travail personnel, en lui administrant des substances nuisibles à la santé ?

Circ. ag. Cette maladie ou incapacité de travail personnel a-t-elle duré plus de vingt jours ?

Circ. ag. X..... est-il le fils légitime, naturel ou adoptif, de M....., *ou* le petit-fils légitime de M.....?

### § 3. — Crimes et délits excusables, et cas où ils ne peuvent être excusés.

ART. 321. — Question d'excuse. Le meurtre ci-dessus spécifié a-t-il été provoqué par des coups ou violences graves envers l'accusé ?

Les blessures et les coups ci-dessus spécifiés ont-ils été provoqués par des coups ou violences graves envers l'accusé ?

Le meurtre ci-dessus spécifié a-t-il été commis en repoussant, pendant le jour, l'escalade ou l'effraction des clôtures, murs ou entrées d'une maison ou d'un appartement habité, ou de leurs dépendances ?

Les blessures et les coups ci-dessus spécifiés ont-ils été portés en repoussant, pendant le jour, l'escalade ou l'effraction des clôtures, murs ou entrées d'une maison, ou d'un appartement habité, ou de leurs dépendances?

Le meurtre ci-dessus spécifié a-t-il été commis en repoussant, *pendant la nuit*, l'escalade ou l'effraction, etc.?

Les blessures et les coups ci-dessus spécifiés ont-ils été faits et portés en repoussant, *pendant la nuit*, l'escalade ou l'effraction, etc.?

ART. 324, § 2. — Question d'excuse. Les coups portés ou les blessures volontairement faites l'ont-ils été par G..... à l'instant où il a surpris A..... en flagrant délit d'adultère avec son épouse légitime, dans la maison conjugale?

ART. 325. — *Castration.* X..... est-il coupable d'avoir, le....., à....., volontairement mutilé l'organe nécessaire à la génération sur la personne de Y.....?

La castration ci-dessus spécifiée a-t-elle été immédiatement provoquée par un outrage violent à la pudeur?

## SECTION IV

### Attentats aux mœurs.

ART. 331. — Question principale. X..... est-il coupable d'avoir, le...., à....., commis un ou plusieurs attentats à la pudeur, consommés ou tentés sans violence, sur la personne de N....., âgée de moins de treize ans?

Circ. ag. X..... est-il coupable d'avoir, le....., à....., commis un ou plusieurs attentats à la pudeur, consommés ou tentés sans violence, sur la personne de....., âgée de plus de treize ans, mais non émancipée par mariage, alors qu'il était l'ascendant de la victime.

ART. 332. — Q. P. X..... est-il coupable d'avoir, le..... à....., commis un viol sur la personne de C.....

Circ. ag. A cette époque la victime était-elle âgée de moins de quinze ans?

ART. 332. — Q. P. X..... est-il coupable d'avoir, le....,

à....., commis un ou plusieurs attentats à la pudeur, consommés ou tentés avec violence, sur la personne de C.....

Circ. ag. A cette époque la victime était-elle âgée de moins de quinze ans?

Art. 333. — Circ. ag. L'accusé est-il le père légitime, naturel ou adoptif, ou l'aïeul légitime de la victime?

Circ. ag. L'accusé, à cette époque, était-il l'instituteur de la victime?

Circ. ag. L'accusé, à cette époque, était-il le serviteur à gages de la victime, ou le serviteur à gages de (indiquer les personnes.

Circ. ag. L'accusé, à cette époque, exerçait-il les fonctions de.....

Circ. ag. L'accusé était-il ministre d'un culte reconnu par l'État?

Circ. ag. L'accusé a-t-il été aidé dans son crime par une ou plusieurs personnes?

Art. 340. — Q. P. X..... est-il coupable d'avoir, le...., à....., contracté mariage avec la nommée C..... lorsqu'il était encore engagé dans les liens d'un précédent mariage avec la nommée N.....

Q. P. X....., officier public, est-il coupable d'avoir, le...., à....., prêté son ministère à ce mariage, connaissant l'existence du précédent?

## SECTION V

### Arrestations illégales et séquestrations de personnes.

Art. 341. — Q. P. X..... est-il coupable d'avoir, le...., à....., sans ordre des autorités constituées et hors les cas où la loi ordonne de saisir les prévenus, arrêté, détenu ou séquestré le nommé B.....

Q. P. X..... est-il coupable d'avoir, le..... à....., avec connaissance, prêté un lieu pour exécuter la détention ou la séquestration ci-dessus spécifiée?

ART. 342. — Circ. ag. La détention ou séquestration a-t-elle duré plus d'un mois?

ART. 344. — Circ. ag. L'arrestation a-t-elle été exécutée avec le faux costume, sous un faux nom?

Circ. ag. L'arrestation a-t-elle été exécutée sur un faux ordre de l'autorité publique?

Circ. ag. La personne arrêtée, détenue ou séquestrée, a-t-elle été menacée de la mort?

Circ. ag. La personne arrêtée, détenue ou séquestrée, a-t-elle été soumise à des tortures corporelles?

## SECTION VI

Crimes et délits tendant à empêcher ou détruire la preuve de l'état civil d'un enfant, ou à compromettre son existence; enlèvement de mineurs.

§ 1. — Crimes et délits envers l'enfant.

ART. 345. — Q. P. X..... est-il coupable d'avoir, le...., à....., enlevé un enfant né vivant? recélé un enfant né vivant? supprimé un enfant né vivant? substitué un enfant né vivant à un autre enfant né vivant?

Q. P. X..... est-il coupable d'avoir, le...., à....., supposé à une femme qui ne sera pas accouchée un enfant vivant?

ART. 351 et 352. — Q. P. X..... est-il coupable d'avoir, le...., à....., exposé et délaissé (ou d'avoir donné l'ordre qui a été exécuté d'exposer et de délaisser) tel enfant au-dessous de l'âge de sept ans accomplis?

ART. 349. — Circ. agr. L'endroit où ont eu lieu l'exposition et le délaissement était-il solitaire?

ART. 350 et 353. — Circ. ag. L'accusé était-il, à cette époque, le tuteur ou l'instituteur dudit enfant?

ART. 351 et 309. — Circ. ag. Par suite de cette exposition et de ce délaissement, ledit enfant est-il demeuré mutilé ou estropié?

ART. 351 et 304. — Circ. ag. La mort dudit enfant a-t-elle été la suite de cette exposition et de ce délaissement?

### § 2. — Enlèvement de mineurs.

ART. 354. — Q P. X..... est-il coupable d'avoir, le....., à....., par fraude ou violence, enlevé, entraîné, détourné ou déplacé du lieu où il (ou elle) était mis par telle personne à l'autorité ou à la direction de qui il (ou elle) était soumis ou confié, le (ou la) jeune....., âgé alors de moins de vingt et un ans.

Q. P. X...... est-il coupable d'avoir, le....., à....., par fraude ou violence, fait enlever, entraîner, détourner ou déplacer du lieu où il (ou elle) était mis par telle personne à l'autorité, ou à la direction de qui il (ou elle) était soumis ou confié le (ou la) jeune....., âgé alors de moins de vingt et un ans?

ART. 355 et 357. — Circ. ag. La jeune..... était-elle alors âgée de moins de seize ans accomplis?

ART. 356. — Q. P. X..... est-il coupable d'avoir, le...., à....., enlevé, entraîné, détourné ou déplacé du lieu où elle avait été mise par B....., à l'autorité ou à la direction de qui elle était soumise ou confiée, la jeune....., âgée alors de moins de seize ans, laquelle a consenti à son enlèvement, ou a suivi volontairement le ravisseur?

Circ. ag. A cette époque, l'accusé était-il âgé de plus de vingt et un ans.

### SECTION VII
#### Faux témoignage, etc.

##### § 1. — Faux témoignage.

ART. 361. — Q. P. X..... est-il coupable d'avoir, le....., à....., fait un faux témoignage en matière criminelle contre B....., accusé?

Q. P. X..... est-il coupable d'avoir, le....., à. ..., fait un faux témoignage en matière criminelle en faveur de B....., accusé?

ART. 362. — Q. P. X..... est-il coupable d'avoir, le....., à....., fait un faux témoignage en matière correctionnelle contre B....., prévenu?

Q. P. X..... est-il coupable d'avoir, le....., à....., fait un faux témoignage en matière correctionnelle en faveur de B....., prévenu?

Circ. ag. L'accusé, pour commettre cette action, a-t-il reçu de l'argent, une récompense quelconque ou des promesses?

ART. 363 et 364. — Q. P. X..... est-il coupable d'avoir, le....., à....., fait un faux témoignage en matière civile contre B....., partie?

Q. P. X..... est-il coupable d'avoir, le....., à....., fait un faux témoignage en matière civile, en faveur de B....., partie?

Circ. ag. L'accusé, pour commettre cette action, a-t-il reçu de l'argent, une récompense quelconque ou des promesses?

ART. 365 (1er cas). — Q. P. X..... est-il coupable d'avoir, le....., à....., suborné le sieur B....., qui, le....., à....., a fait un faux témoignage en matière criminelle contre Z....., accusé.

Q. P. X..... est-il coupable d'avoir le....., à....., suborné le sieur B....., qui, le....., à....., a fait un faux témoignage en matière criminelle en faveur de Z....., accusé.

ART. 364. — Circ. ag. L'accusé a-t-il donné au sieur B..... soit de l'argent, soit une récompense quelconque ou des promesses?

ART. 365 (2e cas). — Q. P. X..... est-il coupable d'avoir le....., à....., suborné le sieur B....., qui, le....., à....., a fait un faux témoignage en matière correctionnelle contre Z....., prévenu?

Q. P. X..... est-il coupable d'avoir, le....., à....., suborné le sieur B....., qui, le....., à....., a fait un faux témoignage en matière correctionnelle, en faveur de Z....., prévenu.

ART. 364. — Circ. ag. L'accusé a-t-il donné au sieur B..... soit de l'argent, soit une récompense quelconque ou des promesses?

ART. 365 (3ᵉ cas). — Q. P. X..... est-il coupable d'avoir, le....., à....., suborné le sieur B....., qui, le....., à....., a fait un faux témoignage en matière civile contre Z....., partie?

Q. P. X..... est-il coupable d'avoir, le....., à....., suborné le sieur B....., qui, le....., à....., a fait un faux témoignage en matière civile en faveur de Z....., partie?

ART. 364. — Circ. ag. L'accusé a-t-il donné au sieur B..... soit de l'argent, soit une récompense quelconque ou des promesses?

### CHAPITRE II
#### Crimes et délits contre les propriétés.

#### SECTION PREMIÈRE
##### Vols.

ART. 379 et 401. — Q. P. X..... est-il coupable d'avoir, le....., à....., soustrait frauduleusement tels objets appartenant à B.....?

ART. 381. — Circ. ag. Cette soustraction frauduleuse a-t-elle été commise la nuit?

Circ. ag. Cette soustraction frauduleuse a-t-elle été commise par deux ou plusieurs personnes?

Circ. ag. Au moment du vol, l'accusé ou les accusés étaient-ils porteurs d'armes apparentes ou cachées?

Circ. ag. Cette soustraction frauduleuse a-t-elle été commise à l'aide d'effraction extérieure dans un lieu clos?

Circ. ag. Cette soustraction frauduleuse a-t-elle été commise à l'aide d'escalade dans un lieu clos?

Circ. ag. Cette soustraction frauduleuse a-t-elle été commise à l'aide de fausses clefs dans un lieu clos?

Circ. ag. Pour commettre cette soustraction frauduleuse, l'accusé a-t-il pris : 1° le titre d'un fonctionnaire public ou d'un officier civil ou militaire; 2° ou s'est-il revêtu de l'uniforme de tel fonctionnaire; 3° ou a-t-il allégué un faux ordre de telle autorité?

Circ. ag. L'accusé a-t-il commis le crime avec violence?

Circ. ag. L'accusé a-t-il commis le crime avec menace de faire usage de ses armes?

ART. 382. — Q. P. X..... est-il coupable d'avoir, le....., à....., soustrait frauduleusement telle chose?

Circ. ag. Cette soustraction frauduleuse au préjudice de B..... a-t-elle été commise avec violence?

Circ. ag. Cette violence a-t-elle laissé des traces de blessures ou de contusions?

ART. 383. — Q. P. X..... est-il coupable d'avoir, le....., à....., soustrait frauduleusement telle chose?

Circ. ag. Cette soustrauction frauduleuse a-t-elle été commise sur un chemin public?

Voir, pour les autres circ. ag. de l'art. 383, les questions posées à l'art. 381.

ART. 385. — Q. P. X..... est-il coupable d'avoir, le....., à....., soustrait frauduleusement tels objets appartenant à B.....?

Circ. ag. Cette soustraction frauduleuse a-t-elle été commise la nuit?

Circ. ag. Cette soustraction frauduleuse a-t-elle été commise dans une maison habitée?

Circ. ag. Cette soustraction frauduleuse a-t-elle été commise dans un édifice consacré à un culte légalement établi en France?

Circ. ag. Cette soustraction frauduleuse a-t-elle été commise par deux ou plusieurs personnes?

Circ. ag. Au moment de cette soustraction frauduleuse, l'accusé ou les accusés étaient-ils porteurs d'armes apparentes ou cachées?

ART. 386. — Q. P. X..... est-il coupable d'avoir, le....., à....., soustrait frauduleusement tels objets appartenant à B.....?

Circ. ag. Cette soustraction frauduleuse a-t-elle été commise la nuit?

Circ. ag. Cette soustraction frauduleuse a-t-elle été commise par deux ou plusieurs personnes?

Circ. ag. Cette soustraction frauduleuse a-t-elle été commise dans un lieu habité ou servant à l'habitation?

Circ. ag. Cette soustraction frauduleuse a-t-elle été commise dans un édifice consacré à un culte légalement établi en France?

Circ. ag. L'accusé ou les accusés étaient-ils porteurs d'armes apparentes ou cachées?

Circ. ag. Lors de cette soustraction frauduleuse l'accusé était-il le domestique ou l'homme de service à gages du sieur B.....?

Circ. ag. Cette soustraction frauduleuse a-t-elle été commise dans la maison du sieur C....., dont l'accusé était alors le domestique et chez qui la personne volée se trouvait?

Circ. ag. Cette soustraction frauduleuse a-t-elle été commise dans la maison du sieur B....., où l'accusé accompagnait le sieur C....., dont il était alors le domestique?

Circ. ag. Cette soustraction frauduleuse a-t-elle été commise dans la maison, l'atelier ou le magasin du sieur Z....., dont l'accusé était alors l'ouvrier, le compagnon ou l'apprenti?

Circ. ag. L'accusé, à cette époque, travaillait-il habituellement dans la maison où il a volé?

Circ. ag. Les objets volés étaient-ils confiés à l'accusé,

en sa qualité d'aubergiste, d'hôtelier, de voiturier, de bate-lier ou de préposé d'un aubergiste?

ART. 400. — Q. P. X..... est-il coupable d'avoir, le....., à....., par force, violence ou contrainte, extorqué la signature ou la remise de telle pièce contenant ou opérant obligation, dispositions ou décharge?

## SECTION II

### Banqueroutes, etc.

#### § 1. — Banqueroute.

ART. 402. — Q. P. X....., commerçant failli, est-il coupable d'avoir le....., à....., frauduleusement soustrait ses livres?

X....., commerçant failli, est-il coupable d'avoir, le....., à....., frauduleusement détourné ou dissimulé une partie de son actif?

X....., commerçant failli, est-il coupable de s'être, le....., à....., par des actes publics ou des engagements sous signa-ture privée, frauduleusement reconnu débiteur de sommes qu'il ne devait pas?

X....., commerçant failli, est-il coupable de s'être, le....., à....., par son bilan, frauduleusement reconnu débiteur de sommes qu'il ne devait pas?

X....., commerçant failli, est-il coupable de s'être, le....., à....., dans ses écritures, frauduleusement reconnu débiteur de sommes qu'il ne devait pas?

ART. 403. — Q. P. X..... est-il coupable d'avoir, le....., à....., frauduleusement présenté dans la faillite du sieur B..... et affirmé, soit en son nom, soit par interposition de personnes, des créances supposées?

X..... est-il coupable d'avoir, le....., à....., dans l'intérêt du sieur Z....., commerçant failli, dont il connaissait la situation, soustrait, recélé ou dissimulé tout ou partie de ses biens, meubles ou immeubles?

ART. 401. — Q. P. X..... est-il coupable d'avoir, le....., à....., étant agent de change, cessé ses payements.

Circ. ag. A cette époque l'accusé a-t-il frauduleusement détourné ou dissipé tout ou partie de son actif, au préjudice de ses créanciers?

Q. P. X..... est-il coupable d'avoir, le....., à....., étant courtier, cessé ses payements?

### § 2. — Abus de confiance.

ART. 407. — Q. P. X..... est-il coupable d'avoir, le....., à....., abusant d'un blanc-seing, qui ne lui avait pas été confié, frauduleusement écrit au-dessus une obligation ou décharge (ou tout autre acte pouvant compromettre la personne ou la fortúne du signataire).

ART. 408. — Q. P. X..... est-il coupable d'avoir le....., à....., détourné ou dissipé au préjudice du sieur B....., qui en était propriétaire, possesseur ou détenteur, *tels objets*, qui ne lui avaient été remis qu'à titre de louage, de dépôt, de mandat, ou pour un mandat salarié ou non salarié, à la charge de les vendre ou représenter, ou d'en faire un usage ou un emploi déterminé.

Circ. ag. A cette époque l'accusé était-il officier public ou ministériel, le domestique, l'homme de service à gages, l'élève, le clerc, le commis, l'ouvrier, le compagnon ou l'apprenti du sieur B.....

Circ. ag. — X..... est-il coupable d'avoir, en sa qualité de notaire (huissier, etc.) et dans l'exercice de ses fonctions de notaire (ou huissier, etc.), détourné ou dissipé, etc.

### § 4.

ART. 430. — Q. P. X..... est-il coupable d'avoir, le....., à....., étant chargé comme membre de telle Compagnie (ou individuellement) de fournitures, d'entreprises ou régies pour le compte des armées de terre ou de mer, sans y avoir été contraint par une force majeure, fait manquer le service dont il était chargé?

Q. P. X..... est-il coupable d'avoir, le....., à....., comme agent de tel fournisseur étant chargé de fournitures, entreprises ou régies, pour le compte des armées de terre ou de mer, sans y avoir été contraint par une force majeure, fait manquer le service dont était chargé ledit fournisseur.

Q. P. X..... est-il coupable d'avoir, le....., à....., fait manquer le service, dont il était chargé comme membre de telle Compagnie ou individuellement, de fournitures, d'entreprises ou régies pour le compte des armées de terre ou de mer, sans y avoir été contraint par une force majeure?

Art. 432. — Q. P. X..... est-il coupable d'avoir, le....., à....., fait manquer le service, dont il était chargé comme membre de telle Compagnie ou individuellement, de fournitures, d'entreprises ou régies pour le compte des armées de terre ou de mer, sans y avoir été contraint par une force majeure?

Circ. ag. L'accusé est-il coupable d'avoir, à la même époque et au même lieu, étant fonctionnaire public, agent préposé ou salarié du jour, aidé à faire manquer le service.

## SECTION III

### Destructions. — Dégradations. — Dommages.

Art. 434. — Q. P. X..... est-il coupable d'avoir, le....., à....., volontairement mis le feu à des édifices, navires, bateaux, magasins, chantiers et généralement aux lieux habités ou servant à l'habitation appartenant à un tel?

Circ. ag. Cet édifice était-il habité? destiné à l'habitation ou dépendant d'une maison habitée?

Q. P. X..... est-il coupable d'avoir, le....., à....., volontairement mis le feu à des voitures ou wagons, contenant des
personnes.

Q. P. X..... est-il coupable d'avoir, le....., à....., volontairement mis le feu à des voitures ou wagons ne contenant
pas des personnes, mais faisant partie d'un convoi qui en
contenait.

Q. P. X..... est-il coupable d'avoir, le....., à....., volontairement mis le feu à des édifices, navires, bateaux, magasins, chantiers non habités ni servant à l'habitation ?

Q. P. X.... est-il coupable d'avoir, le....., à....., volontairement mis le feu à des forêts, bois taillis ou récoltes sur
pied qui ne lui appartenaient pas ?

### § 4. — C. P.

Q. P. (unique). X..... est-il coupable d'avoir, le....., à.....,
volontairement mis le feu à un édifice à lui appartenant,
assuré à la Compagnie....., au profit de ses créanciers?

L'une de ces conditions suffit pour qu'il y ait préjudice
causé à autrui.

Q. P. X..... est-il coupable d'avoir, le....., à....., en mettant ou en faisant mettre le feu à des édifices, forêts, etc.,
énumérés dans le paragraphe précédent et à lui-même appartenant, volontairement causé un préjudice quelconque à
autrui ?

Q. P. X..... est-il coupable d'avoir, le....., à....., volontairement mis le feu à des pailles ou récoltes en tas ou en
meules, appartenant à autrui?

Q. P. X..... est-il coupable d'avoir, le....., à....., volontairement mis le feu à des bois disposés en tas ou en stères,
qui ne lui appartenaient pas?

Q. P. X..... est-il coupable d'avoir, le....., à....., volontairement mis le feu à des voitures ou wagons chargés ou non
chargés de marchandises ou autres objets mobiliers, et ne

faisant point partie d'un convoi contenant des personnes et qui ne lui appartenaient pas?

Q. P. X..... est-il coupable d'avoir, le....., à....., en mettant ou en faisant mettre le feu à l'un des objets énumérés dans les trois questions précédentes et à lui-même appartenant, volontairement causé un préjudice quelconque à autrui?

Q. P. X..... est-il coupable d'avoir, le....., à....., mis volontairement le feu, sur l'ordre du propriétaire, aux objets ci-dessus énumérés?

Q. P. X..... est-il coupable d'avoir, le....., à......., communiqué l'incendie à l'un des objets énumérés dans les précédents paragraphes, en mettant volontairement le feu à des objets quelconques, appartenant soit à lui, soit à autrui, et placés de manière à communiquer ledit incendie?

Circ. ag. Cet incendie a-t-il causé la mort de B....., se trouvant dans les lieux incendiés au moment où il a éclaté?

ART. 435. — Q. P. X..... est-il coupable d'avoir, le....., à....., volontairement détruit, par l'effet d'une mine, des édifices, navires, bateaux, magasins ou chantiers (d'après les distinctions de l'article précédent).

ART. 437. — Q. P. X..... est-il coupable d'avoir, le....., à....., volontairement détruit ou renversé, par quelque moyen que ce soit, en tout ou en partie, des édifices, des ponts, digues ou chaussées, ou autres constructions qu'il savait appartenir à autrui, ou causé l'explosion d'une machine à vapeur?

Circ. ag. Ce fait a-t-il causé la mort de B.....

Circ. ag. Ce fait a-t-il occasionné des blessures à B.....

ART. 439. — Q. P. X..... est-il coupable d'avoir, le....., à....., volontairement brûlé ou détruit, d'une manière quelconque, des registres, minutes ou actes originaux de l'autorité publique, de titres, billets, lettres de change, effets

de commerce ou de banque, contenant ou opérant obligation, disposition ou décharge ?

Circ. ag. Les pièces détruites sont-elles des actes de l'autorité publique ?

Circ. ag. Les pièces détruites sont-elles des effets de commerce ou de banque ?

Art. 440. — Q. P. X..... est-il coupable d'avoir, le.....,
à....., pillé, causé des dégâts à des denrées ou marchandises, effets, propriétés mobilières, en réunion ou bande et à
force ouverte ?

Art. 441. — Question d'excuse. X..... a-t-il été entraîné
à prendre part à ces violences par des provocations ou des
sollicitations ?

Art. 442. — Q. P. X..... est-il coupable d'avoir été le
chef, l'instigateur ou le provocateur du pillage ou dégâts
de grains, grenailles ou farines, substances farineuses,
pain, vin ou autres boissons.

### Délits de presse.

1º X..... est-il coupable d'avoir, dans le numéro du journal le Z....., du...... 18....., en publiant, comme gérant, un
article intitulé : *Chronique locale*, commençant par ces
mots..... et finissant par ceux-ci....., publié ou reproduit
de mauvaise foi de fausses nouvelles, de nature à troubler
la paix publique ?

2º X..... est-il coupable d'avoir, dans le même article,
excité à la haine et au mépris du gouvernement de la République ?

3º X..... est-il coupable d'avoir, toujours dans le même
article, cherché à troubler la paix publique, en excitant le
mépris ou la haine des citoyens les uns contre les autres ?

4º K...... est-il coupable d'avoir, en imprimant l'article du
journal le Z....., dont il s'agit, fourni sciemment à X.....
les moyens de commettre le délit ci-dessus visé ?

# QUATRIÈME PARTIE

---

# PROCÈS DE PRESSE

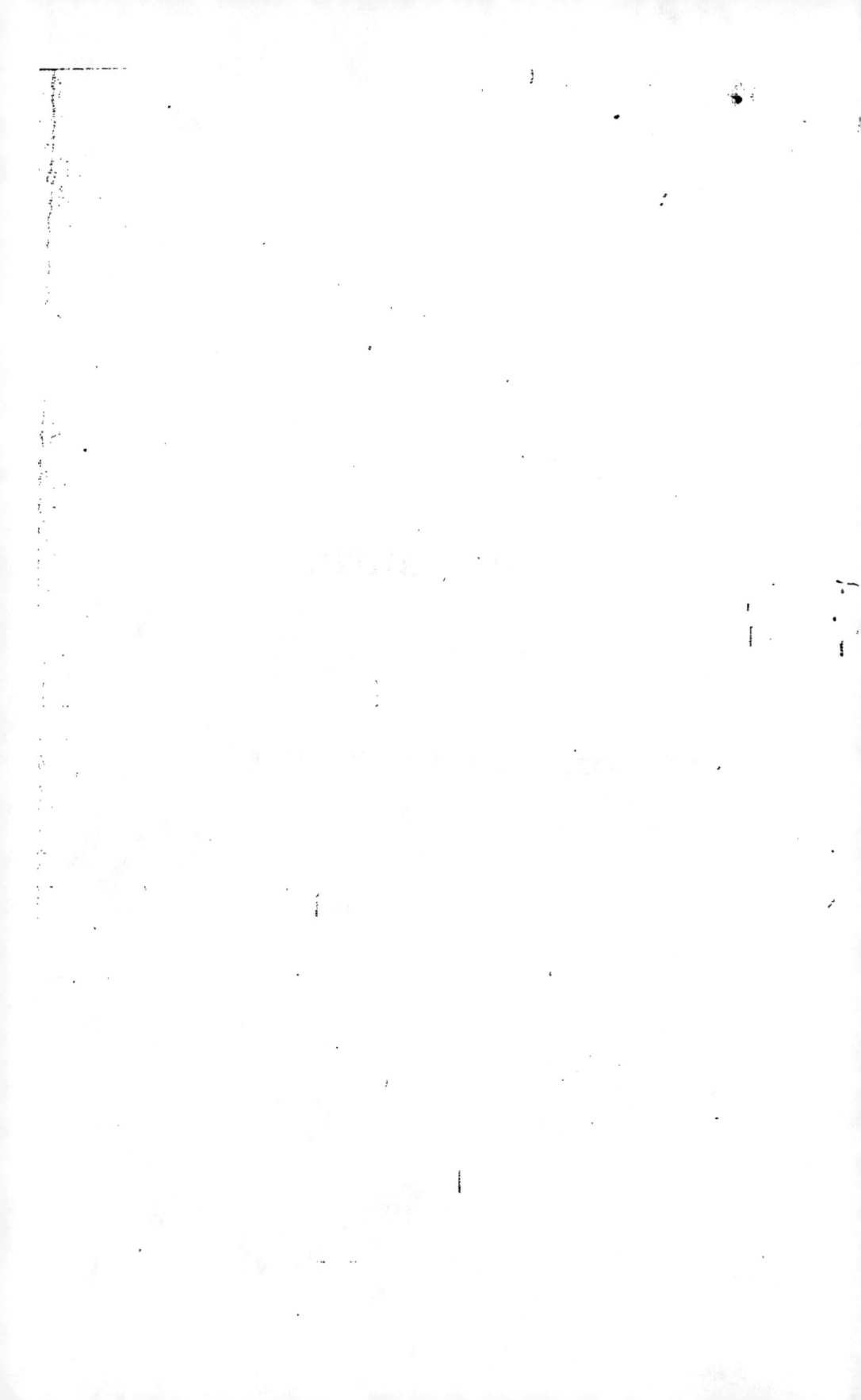

## CHAPITRE VII

Procès de presse.

### DÉPÊCHE TÉLÉGRAPHIQUE

*Justice à Procureur général.....*

Poursuivez l'article du journal....., intitulé.....
Monsieur le Procureur de la République,
Je vous transmets la dépêche ci-jointe que m'adresse M. le Garde des Sceaux, et vous prie d'exécuter les ordres qu'elle contient.
Recevez..... consid. disting.

*Le Procureur général,*
(Signature.)

---

### RÉQUISITOIRE INTRODUCTIF

*Le Procureur de la République à.....*

Vu les pièces ci-jointes;
Attendu qu'il en résulte contre les nommés X..... et A..... inculpation suffisante de....., et ce en publiant et en imprimant dans le numéro..... du journal l.....

un article commençant par ces mots : ....., et finissant par ceux-ci : .....;

Vu l'article 47 du Code d'Instruction criminelle,

Requiert qu'il plaise à M. le Juge d'instruction d'informer sur les faits dénoncés par toute voie de droit.

Au Parquet, le.....

*Le Procureur de la République,*

(Signature.)

---

### ORDONNANCE DU JUGE D'INSTRUCTION

Nous, Juge d'instruction,

Vu la procédure instruite contre les nommés X....., né à....., etc.;

A....., né à....., etc.;

Vu les réquisitions qui précèdent,

Et attendu que ledit X....., en sa qualité de gérant du journal l....., a publié dans le numéro du....., etc. ;

Que A....., en imprimant le numéro dudit journal, a fourni à X..... le moyen de commettre le délit ci-dessus visé, etc.,

Déclarons les susnommés suffisamment prévenus, savoir :

1º X....., d'avoir, etc.;

2º A....., d'avoir, etc.,

Délit prévu et puni par les articles....., etc.,

Disons, en conséquence, qu'il y a lieu de poursuivre contre les deux inculpés, à raison des faits ci-dessus qualifiés; ordonnons que les pièces de la procédure seront transmises à M. le Procureur général près la Cour d'appel d....., pour être ultérieurement requis et statué à l'égard des inculpés ce qu'il appartiendra.

En notre cabinet, le.....

*Le Juge d'instruction,*

(Signature.)

### RÉQUISITION

Le Procureur de la République près le tribunal de première instance d.....,

Vu les pièces de la procédure instruite contre X....., né à....., le....., gérant du journal l....., et A....., né à....., imprimeur, tous deux demeurant à....., inculpés de délit de presse, non détenus;

Attendu qu'il résulte de l'instruction que ledit X....., en sa qualité de gérant du journal l....., a publié dans le numéro du..... un article intitulé....., commençant par ces mots : ....., et finissant par ceux-ci : .....; que ledit article contient le délit de.....;

Que A....., en imprimant le numéro dudit journal, a fourni à X..... les moyens de commettre le délit ci-dessus visé, et qu'il s'est ainsi rendu complice dudit délit;

Vu les articles....., etc.,

Requiert M. le Juge d'instruction de renvoyer les susnommés devant la Chambre d'accusation de la Cour d'appel d....., comme suffisamment prévenus :

X....., d'avoir, dans le numéro du journal l...., etc.;

A....., d'avoir, en imprimant ledit numéro, etc.;

Délit prévu et puni, par.....

Fait au Parquet, à....., le.....

*Le Procureur de la République,*

(Signature.)

---

*Cour d'appel d.....* — *Chambre des mises en accusation.*
*Parquet.*

### RÉQUISITION

Le Procureur général près la Cour d'appel d.....

Vu les pièces de la procédure instruite contre X....., gérant du journal....., et A...., imprimeur à.....;

Ensemble l'ordonnance rendue le..... par M. le Juge d'instruction du tribunal de première instance d....., et par laquelle les susnommés sont renvoyés devant la Chambre des Mises en accusation comme inculpés de.....;

Vu les articles 217 et suivants du Code d'Instruction criminelle;

Attendu que X.... a publié, le....., dans le numéro du journal..... dont il est le gérant, un article intitulé.....; que ledit article contient le délit de.....;

Attendu que A...., en imprimant le numéro dudit journal, a fourni à X..... les moyens de commettre le délit ci-dessus visé, et qu'il s'est ainsi rendu complice dudit délit,

Requiert qu'il plaise à la Cour renvoyer lesdits X..... et A..... devant la Cour d'assises d....., comme accusés, le premier.....

1° D'avoir, dans le numéro du journal..... du..... en publiant comme gérant l'article susmentionné.....

2° D'avoir, dans le même article.....

Le second.....

D'avoir, en imprimant ledit numéro, fourni sciemment à X..... les moyens de commettre le délit ci-dessus visé, et de s'être ainsi rendu complice dudit délit.

Délit prévu et puni par.....

Fait au Parquet de la Cour, le.....

*Le Procureur général,*

(Signature.)

---

*Arrêt de la Chambre d'accusation, qui renvoie le prévenu devant la Cour d'Assises.*

### ORDONNANCE

Nous, C....., conseiller à la Cour d'appel d..... et Président de la Cour d'assises du département d..... pour le..... trimestre de 18.....;

Vu les pièces de la procédure instruite contre les nommés X....., gérant du journal l....., et A....., imprimeur, domiciliés à....., prévenus, savoir :

X....., d'avoir, dans les numéros du journal l....., du....., en publiant, comme gérant, les articles mentionnés dans· l'arrêt, publié.... ;

A....., d'avoir, en imprimant les articles du journal l....., dont il s'agit, fourni sciemment à X..... les moyens de commettre les délits ci-dessus visés, et de s'être ainsi rendu complice desdits délits;

Vu l'arrêt de la Cour d'appel, Chambre des Mises en accusation, en date du....., qui renvoie, à raison de ces faits, lesdits X..... et A..... devant la susdite Cour d'Assises;

Vu le réquisitoire de M. le Procureur général, en date de ce jour;

Vu l'article 17 de la loi du 26 mai 1819, avons fixé et fixons au..... prochain et jours suivants, si besoin est, à dix heures du matin, le jugement de la procédure instruite contre lesdits X..... et A....., et ordonnons qu'à la diligence de M. le Procureur général, la présente ordonnance lui sera notifiée dans les délais voulus par la loi, par....., huissier audiencier près la Cour, que nous commettons à ces fins.

Fait et ordonné à....., au Palais de Justice, le.....

(Signature du Président.)

(Signature du greffier.)

---

## NOTIFICATION DE RÉQUISITOIRE ET ORDONNANCE AVEC ASSIGNATION

L'an mil huit cent..... et le.....,

Nous, M....., huissier près le tribunal, etc.;

A la requête de M. le Procureur général près la Cour d'appel d....,

Avons notifié au sieur X....., gérant du journal l....., et au sieur A....., imprimeur, domiciliés tous deux à...... .

1° La réquisition dressée le..... par mondit sieur le Procureur général ;

2° Et l'ordonnance rendue le....., par M. le Président de la Cour d'Assises du département d....., pour le..... trimestre de la présente année, qui fixe le jour du jugement de la cause instruite contre lesdits X..... et A....., et ce aux fins que ces derniers ne l'ignorent ;

Ce faisant, nous avons cité lesdits X..... et A..... à comparaître le..... par-devant et à l'audience de la Cour d'Assises du département d....., séant à....., au Palais de Justice, place de....., pour y être jugés, savoir :

X....., d'avoir, dans le numéro du journal l....., du....., en publiant comme gérant les articles mentionnés dans ledit arrêt, excité à la haine, etc. ;

A....., d'avoir, en imprimant les articles du journal l....., dont il s'agit, fourni sciemment à X..... les moyens de commettre le délit ci-dessus visé, et de s'être ainsi rendu complice dudit délit prévu et puni par les articles, etc.,

S'entendre déclarer coupables du délit susmentionné, et s'entendre condamner aux peines portées par les articles de loi susénoncés avec dépens.

Dont acte, laissé copie du présent et des pièces y énoncées à chacun des susnommés séparément, dans leur domicile, à....., à la personne de..... et à la personne de.....

Coût.....

(Signature de l'huissier.)

Visé pour timbre et enregistré, etc.

## NOTIFICATION

L'an mil huit cent..... et le.....

Nous, L....., huissier près le tribunal de première instance d....., y demeurant, rue....., nº....., soussigné,

A la requête de M. le Procureur général près la Cour d'appel d....., où il fait élection de domicile au parquet de ladite Cour,

Avons notifié au sieur X....., gérant du journal l....., et au sieur A....., imprimeur, tous deux domiciliés à.....,

L'arrêt rendu le..... courant par la Chambre des mises en accusation de la Cour d'appel d....., qui les renvoie devant la Cour d'Assises du département d..... pour être jugés conformément à la loi, comme accusés de délits de presse,

     Dont acte.

Et pour que lesdits X..... et A..... ne l'ignorent, nous leur avons, à chacun d'eux, séparément, donné copie du présent et des pièces y énoncées dans leurs domiciles respectifs, à....., en parlant à la personne de X..... et à l'employé d'A.....

Coût..... fr..... c.....

                  (Signature de l'huissier.)

Visé pour timbre et enregistré gratis, à....., le..... 18....., folio.....

        (Signature du receveur de l'enregistrement.)

———

## RÉQUISITOIRE

Le Procureur général près la Cour d'appel d.....,

Vu l'arrêt de la Chambre des mises en accusation de la Cour d'appel d....., rendu le....., qui renvoie le sieur X....., gérant du journal l....., et A....., imprimeur, domiciliés

                                           5.

à....., devant la Cour d'appel du département d....., prévenus, savoir :

X....., d'avoir, dans le numéro du journal l..... du..... 18....., en publiant, comme gérant, les articles mentionnés dans ledit arrêt, publié.....;

A....., d'avoir, en imprimant les articles du journal l....., dont il s'agit, fourni sciemment à X..... les moyens de commettre les délits ci-dessus visés et de s'être ainsi rendu complice desdits délits ;

Ledit arrêt notifié le..... 18.....;

Attendu que les faits qui donnent lieu à la poursuite constituent les délits et complicité de délits commis par la voie de la presse,

Requiert M. le Président de la session de la Cour d'Assises qui doit s'ouvrir le..... prochain, de fixer le jour où lesdits X..... et A..... seront tenus de s'y présenter et comparaître pour répondre à l'inculpation dirigée contre eux.....

Fait au Parquet, le.....

*Le Procureur général,*
(Signature.)

---

## ARRÊT DE DISJONCTION

*Arrêt portant disjonction de la cause, K..... ayant fait défaut, quoique régulièrement assigné, et L..... s'étant présenté.*

L'an mil huit cent....., et le....., en audience publique de ¡a Cour d'assises du département d....., séant à....., tenue dans une des salles du Palais de Justice.

Présents et opinants : MM. A....., conseiller en la Cour

d'appel dudit..... et président de ladite Cour d'Assises;
B..... et C....., conseillers assesseurs.

Présent : M. X....., Procureur général.

M. Z....., greffier.

Par arrêt de la Chambre des mises en accusation, rendu
le....., K....., âgé de....., né à ..... arrondissement de ce
nom ..... gérant du journal l'Y....., domicilié à.....,

Et L....., âgé de....., né à....., arrondissement de ce
nom....., imprimeur dudit journal, domicilié à....., prévenus le premier de délits de presse, le second de complicité
de ces délits ;

Par citation régulière, lesdits K..... et L..... étaient assignés à comparaître, le....., devant la présente Cour d'Assises pour y être jugés conformément à la loi.

Les noms des deux prévenus ont été appelés.

K..... n'a point répondu à l'appel de son nom, ni personne pour lui ;

L..... a répondu à l'appel de son nom et déclare vouloir
être jugé.

Mᵉ M....., avocat, assiste ledit L.....

Ouï le Ministère public, qui a requis la Cour de juger contradictoirement L....., et de procéder par défaut à l'égard
de K....., en conséquence disjoindre la cause,

La Cour,

Vu l'article 303 du Code d'Instruction criminelle, ainsi
conçu : « Lorsque l'acte d'accusation contiendra plusieurs
« délits non connexes, le Procureur général pourra requérir
« que les accusés ne soient mis en jugement, quant à pré-
« sent, que sur l'un ou quelques-uns de ces délits ; »

Attendu que dans l'intérêt d'une prompte justice il y a
lieu de disjoindre les préventions,

Par ces motifs,

La Cour, faisant droit aux réquisitions du Ministère
public, ordonne que la prévention sera disjointe, — qu'il

sera procédé contradictoirement à l'égard de L....., et par défaut à l'égard de K.....

Ordonne que le présent arrêt sera mis à exécution à la diligence du Procureur général.

Fait et prononcé à....., les jours, mois et an susdits.

A....., B....., C.....

X.....

---

## ARRÊT DE JONCTION

### *Arrêt de la Cour d'Assises.*

Ouï le Ministère public.....;

Ouï le défenseur du prévenu.....;

La Cour,

Vu l'article 307 du Code d'Instruction criminelle ainsi conçu : *Lorsque*, etc.;

Vu la nature identique des trois affaires dont il s'agit;

Attendu que, dans l'intérêt d'une bonne justice, il y a lieu de les joindre;

Par ces motifs,

La Cour, faisant droit aux réquisitions du Ministère public, ordonne que les trois affaires seront jointes et qu'il y sera statué par un seul et même verdict.

Ordonne que le présent arrêt sera mis à exécution à la diligence du Procureur général.

Fait et prononcé à..... les jour, mois et an susdits.

*Président, assesseurs*, signés.

C., *commis-greffier*, signés.

Pour expédition conforme délivrée à M. le Procureur général.

*Le greffier en chef,*

(Signature.)

*Cour d'Assises séant à..... — Département d.....*

## PROCÈS-VERBAL DE LA FORMATION DU TABLEAU DES DOUZE JURÉS

Du..... mil huit cent quatre-vingt....., dans l'une des salles du Palais de Justice, nous....., Conseiller à la Cour d..... et Président de la Cour d'Assises du département d....., séant à....., dont l'ouverture a eu lieu le..... mil huit cent quatre-vingt....., assisté de M....., ..... général près la Cour d'appel, soussigné,

Demeurant le procès-verbal par nous rédigé, en présence du Ministère public, en date du....., qui, d'après les opérations y ramenées, fixe et arrête la liste des Jurés au nombre de.....,

Nous avons, conformément à l'article 399 du Code d'Instruction criminelle, fait comparaître le nommé....., qui doit être mis cejourd'hui en jugement.

Ayant fait faire l'appel desdits..... Jurés, et tous y ayant répondu, avons, à mesure que ledit appel a été fait, en présence du Ministère public et de....., accusé....., déposé le nom de chaque Juré dans l'urne à ce destinée ;

Après avoir averti l'accusé, placé en face des Jurés, que ceux-ci étant au nombre de..... il a le droit d'en récuser..... sans donner des motifs, et que M. le Procureur général a aussi le droit d'en récuser..... sans non plus donner des motifs, avons, en présence des Jurés, du Ministère public et de l'accusé, agité les susdits noms qui se trouvent dans l'urne, et en avons successivement sorti, par la voie du sort, les douze ci-après, savoir :

1°.....; 2°.....; 3°.....; 4°.....; 5°.....; 6°.....; 7°.....; 8°.....; 9°.....; 10°.....; 11°.....; 12°..... ;

Attendu que les susdits douze noms sont les premiers sortis de l'urne par la voie du sort, sans avoir été récusés

ni par l'accusé, ni par le Ministère public, avons arrêté le
tirage au sort, et déclaré que les susdits noms doivent
former le tableau des douze Jurés qui doivent connaître de
la procédure instruite contre ledit.....

De suite il a été passé en audience publique.

De tout quoi avons dressé le présent procès-verbal, que
nous avons signé en présence du Ministère public, avec.....
le commis greffier, lecture préalablement faite.

---

### PROCÈS-VERBAL DES DÉBATS

##### (Comme un procès-verbal ordinaire.)

Sur l'invitation de M. le Président, le greffier a donné
lecture de l'arrêt d'accusation, des deux citations directes
(il y avait eu arrêt de jonction) et de tous les articles contenus dans le journal l....., poursuivis.....

Les articles poursuivis annexés à la procédure ont été
reconnus par les inculpés.

M. le Président a prévenu les condamnés qu'ils avaient
vingt-quatre heures pour se pourvoir en cassation.

*Questions posées au Jury dans la procédure instruite
contre :*

1° X....., gérant du journal l..... ;
2° A....., imprimeur.

##### *Première question.*

###### Réponses du Jury.

X..... est-il coupable d'avoir, dans le numéro du journal
l....., du....., en publiant comme gérant un article intitulé, etc. ?

*Seconde question.*

A..... est-il coupable d'avoir, en imprimant l'article du journal l....., dont il s'agit, fourni sciemment à X..... les moyens de commettre, etc. ?

A....., le.....

*Le Président de la Cour d'Assises,*

(Signature.)

---

*A Monsieur le Président et à Messieurs les Conseillers composant la Chambre des mises en accusation près la Cour d'appel d.....*

M. X....., rédacteur en chef de X....., a l'honneur de vous exposer les faits suivants :

Le....., l'exposant a été condamné, pour délit de presse, par la Cour d'Assises d....., à.....

Le....., il faisait au greffe de la Cour sa déclaration de pourvoi en cassation.

Le dossier de l'affaire est depuis longtemps au greffe de la Cour de Cassation ; M. le Conseiller rapporteur est nommé, M. l'avocat général doit être prêt, et l'affaire est sur le point de venir à l'audience. — Ces renseignements ont été donnés à l'exposant par Me X....., son avocat à la Cour de Cassation.

Mais aux termes de l'article 6, titre IV, Ire partie du règlement de la Cour de Cassation de 1838, et de l'article 421 du Code d'Instruction criminelle, les condamnés ne sont pas admis à se pourvoir en cassation lorsqu'ils ne sont pas en état ou lorsqu'ils n'ont pas été mis en liberté sous caution.

Or, depuis longtemps, l'exposant est malade et ne peut même sans imprudence quitter sa chambre.

Il s'agit, en outre, d'un simple délit de presse.

Dans ces circonstances, l'exposant vient vous prier, Messieurs, en faisant appel à votre bienveillante justice, de lui accorder sa mise en liberté sous caution aux conditions qu'il vous plaira de fixer.

A......, le..... 18.....,                                       X.....

Soit la requête ci-dessus communiquée à M. le Procureur général pour, par ce magistrat, être requis ce qu'il appartiendra.

A....., le..... 18.....

X....., *président de la Chambre d'accusation.*

L'an mil huit cent..... et le..... janvier,

La Chambre des mises en accusation de la Cour d'appel d....., réunie dans la salle du conseil, a rendu l'ordonnance suivante.

Présents : MM X....., conseiller, président dévolutaire, le titulaire empêché; X....., X....., X..... et X....., conseillers, les deux derniers appelés pour compléter.

M. X....., substitut de M. le Procureur général.

Après en avoir délibéré,

La Cour, vu la requête présentée par le sieur X....., en date du....., tendant à obtenir sa mise en liberté provisoire, en conformité de l'article 421 du Code d'Instruction criminelle, pendant l'évacuation du pourvoi qu'il a formé devant la Cour de Cassation, par déclaration faite au greffe de la Cour d....., en date du....., contre l'arrêt de la Cour d'Assises d....., du....., qui le condamne à....., pour délit de presse;

Vu le rapport joint à la requête de M. le docteur X....., qui constate que le sieur X..... est atteint d'une....., qui le retient dans sa chambre depuis...... et le met dans l'impossibilité de se constituer prisonnier;

Vu les réquisitions écrites de M. X....., substitut de M. le Procureur général;

Vu, enfin, l'article 421 du Code d'Instruction criminelle et l'article 116 de la loi du 14 juillet 1865;

Attendu que la liberté provisoire, aux termes de ces articles, peut être demandée et accordée en tout état de cause et notamment dans le cas de pourvoi devant la Cour de Cassation;

Attendu que la demande formée par le sieur X....., étant basée sur un état de maladie dûment justifié, repose sur un motif légitime et qu'il y a lieu dès lors de l'accueillir, en assujettissant néanmoins le sieur X..... à fournir un cautionnement en espèces, conformément à l'article 120 de la loi du 14 juillet 1865.

Par ces motifs, la Cour accorde au sieur X..... la mise en liberté provisoire qu'il sollicite, à la charge par lui de se représenter à tous les actes de la procédure et pour l'exécution de l'arrêt lorsqu'il en sera requis.

Ordonne qu'avant toute œuvre il sera tenu de verser à la caisse de M. le Receveur de l'enregistrement de cette ville un cautionnement en espèces de la somme de....., sur laquelle..... sont affectés à la représentation du sieur X....., et..... à la garantie du recouvrement des frais et de l'amende.

Ordonne que la présente ordonnance sera exécutoire sur minute.

Fait et prononcé à....., en la salle du Conseil, les jours, mois et an susdits.

---

### ARRÊT

En cassation d'un arrêt rendu par la Cour d'assises d....., le....., qui le condamne à..... mois de prison, ..... francs d'amende, etc.,

Est intervenu l'arrêt suivant :

Sur le moyen pris de la violation des articles 5 et 8 de la

loi du 18 juillet 1828, en ce que....., n'étant ni le gérant du journal l..... ni l'auteur des articles incriminés, ne pouvait encourir une responsabilité pénale à raison de ces articles,

Attendu que, si les articles 5 et 8 de la loi du 18 juillet 1828 déclarent les gérants des journaux et les auteurs des articles qui y sont insérés responsables des délits qu'ils contiennent, cette responsabilité n'est point exclusive des autres modes de participation à un délit; que l'article 7 de la loi du 17 mai 1819 dispose, en effet, qu'il n'est point dérogé aux règles du droit commun relatives à la complicité; que, par conséquent, *la loi autorise la mise en cause des complices, et par suite des coauteurs;*

Qu'en matière de délits commis par la voie de la presse, le fait élémentaire du délit est le fait de la publication; que la poursuite, qui ne s'attaque à l'auteur lui-même qu'à raison de la part qu'il a prise à cette publication, *peut donc envelopper tous ceux qui y ont activement participé, et par conséquent le rédacteur en chef du journal, lorsqu'il est constaté qu'il a autorisé l'insertion de l'article incriminé;*

Que la déclaration du Jury, en réponse à deux questions qui lui étaient soumises, porte que..... est coupable d'avoir publié dans le journal l..... deux articles signés par..... et excité, par cette publication, soit à la haine et au mépris du gouvernement, soit à la haine et au mépris des citoyens les uns contre les autres; que cette déclaration souveraine est une base légale de l'application pénale,

Rejette le pourvoi d..... et le condamne à l'amende.

*Délits de presse de la compétence de la*
*Cour d'Assises.*

1° Excitation à la haine et au mépris du gouvernement;

2° Excitation au mépris et à la haine des citoyens les uns contre les autres et provocation à la guerre civile;

3° Attaque contre les lois constitutionnelles et contre les pouvoirs et les droits du gouvernement, etc., etc.

1° Le pourvoi doit être fait dans les vingt-quatre heures (art. 21 de la loi du 27 juillet 1849);

2° Le jury doit être averti qu'il doit se prononcer sur les circonstances atténuantes (art. 25 de la loi du 27 juillet 1849); l'article 463 est applicable en vertu des circonstances atténuantes.

---

### CHAPITRE VIII

Arrêts et formules de procès-verbaux.

En cassation d'un arrêt rendu contre..... par la 2ᵉ Chambre civile de la Cour d....., le....., qui le condamne aux travaux forcés à perpétuité.

*Premier moyen.*

Attendu qu'aux termes des dispositions des articles 507 et 508 du Code d'Instruction criminelle, en ce que l'arrêt attaqué a étendu la compétence exceptionnelle établie pour le premier de ces articles à un cas de crime commis pendant la suspension de l'audience;

Attendu qu'aux termes de ces dispositions, la Chambre civile d'une Cour, à l'audience de laquelle un crime se commet, est compétente pour procéder au jugement de suite et sans désemparer;

Attendu que dans l'espèce le juge a déclaré que le crime s'était commis séance tenante, au moment où l'audience venait d'être déclarée suspendue, et où les magistrats descendaient de leurs siéges pour passer dans la Chambre des délibérations ; qu'ils ont été tout à la fois les témoins et les victimes de l'attentat dirigé contre leurs personnes, et que l'ensemble de ces faits justifie la juridiction exceptionnelle créée par la loi,

Rejette le.....

Mais sur le second moyen tiré de la violation de l'article 5 de la loi du 30 mai 1854 et des articles 70 et 71 du Code Pénal, et de la fausse application des articles 2 et 302 du Code Pénal, combinés avec l'article 463 du même Code, en ce que l'arrêt attaqué a condamné....., âgé de plus de *soixante ans*, à la peine des travaux forcés à perpétuité ;

Vu l'article 5 de la loi du 30 mai 1854 ;

Attendu que les faits reconnus constants par la Cour d..... pouvaient entraîner la peine des travaux forcés à perpétuité il résulte d'un document authentique produit devant la Cour que....., né le....., était au jour dudit arrêt âgé de plus de *soixante ans;*

Attendu dès lors qu'en prononçant contre lui la peine des travaux forcés à perpétuité, au lieu de celle de la réclusion, la Cour d....., quelle qu'ait été la cause de son erreur, a manifestement violé l'article 5 ci-dessus visé de la loi du 30 mai 1c5 ;

Et attendu que la cassation de l'arrêt entier doit s'ensuivre, la Cour d..... ayant été au procès juge du fait, en même temps que du droit, l'arrêt présentant par conséquent une indivisibilité qui en rend toutes les parties solidaires ;

Attendu que la compétence exceptionnelle de la Chambre civile tenait à la circonstance que le crime avait été commis devant elle ; que le renvoi ne saurait donc être prononcé devant une juridiction de même qualité, et qu'il y a lieu de l'opérer devant la Chambre d'accusation, qui a la plénitude de juridiction en matière criminelle pour, par elle, après information, s'il y échet, saisir la Cour d'Assises,

Casse et annule l'arrêt rendu par la Cour d....., 2e Chambre civile, le....., à la charge de.....;

Et pour être procédé conformément à la loi sur les faits incriminés, renvoie..... en état de mandat de dépôt, et les pièces de la procédure devant la Chambre des mises en accusation de la Cour d.....

Ordonne que le présent arrêt sera imprimé et transcrit en marge de la décision annulée, à la diligence du Procureur général.

Sur le moyen de cassation pris d'une violation de l'article 349 du Code d'Instruction criminelle, en ce que le Président de la Cour d'Assises et le greffier n'ont apposé leur signature sur la déclaration du Jury qu'après l'arrêt de condamnation;

Vu l'article 349 du Code d'Instruction criminelle;

Attendu qu'aux termes de cet article, la déclaration du jury doit être signée par le chef et remise par lui au Président, le tout en présence des jurés; que le même article exige, en outre, que la déclaration soit signée par le Président et par le greffier;

Attendu que ces trois signatures peuvent seules donner à la déclaration du Jury le caractère d'irrévocabilité et d'authenticité nécessaire pour qu'elle serve de base légale à l'arrêt de condamnation; que toutes trois, par conséquent, doivent être apposées sur la déclaration avant la prononciation de l'arrêt; que c'est là une formalité substantielle, dont l'inobservation entraîne la nullité de la condamnation;

Attendu, en fait, qu'il résulte des constatations insérées au procès-verbal des débats de la Cour d'Assises d....., qui a statué sur l'accusation portée contre..... et autres, que la signature du Président et celle du greffier n'ont été appo-

sées sur la déclaration du Jury qu'après l'arrêt de condamnation et après l'audience; que cette inobservation d'une
formalité substantielle est une cause de nullité,

Par ces motifs, casse et annule :

Sur le pourvoi de..... en cassation d'un arrêt rendu le.....
dernier par la Cour d'assises d..... qui l'a condamné à.....

1° Sur le moyen pris d'une prétendue violation des droits
de la défense, en ce que dans le cours des débats, des pièces ont été versées au procès, sans avoir été *préalablement*
communiquées à l'accusé :

Attendu que la communication *préalable* n'est imposée,
dans ce cas, par aucune disposition de la loi;

Qu'aux termes de l'article 269 du Code d'Instruction criminelle, le Président des Assises a le droit de faire apporter,
dans le cours des débats, toutes pièces nouvelles, qui,
d'après les nouveaux développements donnés à l'audience,
soit par les accusés, soit par les témoins, lui paraissent
pouvoir répandre un jour utile sur le fait contesté;

Attendu que, pour qu'il apparût une lésion des droits de
la défense, il faudrait que celle-ci eût été dans l'impossibilité de prendre communication des pièces nouvellement
produites, ou que cette communication lui eût été refusée;

Attendu qu'aucune de ces causes d'empêchement n'est
alléguée, et que le demandeur se borne à se plaindre de
l'absence d'une communication antérieure à la production;

Attendu que le grief est d'autant moins fondé, que le
Président avait, au début de l'examen, prévenu les parties
qu'en vertu de son pouvoir discrétionnaire, il les autorisait
à faire usage, dans leur intérêt respectif, de toutes les pièces dont il n'aurait pas été donné copie à l'accusé;

Attendu que le procès-verbal, après avoir mentionné cette
autorisation, ajoute qu'elle a été acceptée par le Ministère
public et par le défenseur;

Attendu enfin qu'il n'est ni établi ni même allégué qu'il

ait été fait emploi des pièces dont il s'agit, et qu'elles aient fait partie de celles qui ont été remises au Jury, au moment où il s'est retiré pour délibérer.....

2° Sur la demande aux fins d'inscription de faux contre le procès-verbal de tirage au sort du Jury de jugement :

Vu l'ordonnance royale du mois de juillet 1737 et le règlement du 28 juin 1738;

Attendu que ces actes de législation sont demeurés la règle des formalités à suivre dans les procédures de faux incident qui se produisent devant la Chambre criminelle de la Cour de Cassation;

Attendu, d'une part, qu'aux termes de l'article 3 du titre de ladite ordonnance, relatif à cette matière, la requête tendant à l'inscription doit être, à peine de nullité, signée du demandeur ou du porteur de sa procuration spéciale, et que cette procuration doit être attachée à la requête;

Attendu, en second lieu, que l'article 1er du titre X dudit règlement dispose que *la partie qui voudra obtenir la permission de s'inscrire en faux contre une pièce produite dans une instance, sera tenue de présenter à cet effet une requête en forme de* vu *d'arrêt, et de consigner préalablement l'amende de cent livres;*

Attendu qu'aux termes du même article, la quittance de consignation de cette amende doit être jointe à la requête lorsque celle-ci est remise au rapporteur de l'instance;

Attendu qu'aucune de ces dispositions d'admissibilité de la demande n'a été remplie dans l'espèce;

Que la requête n'est ni signée de..... ni accompagnée du mandat spécial exigé par l'ordonnance, ni appuyée non plus de la quittance de consignation préalable exigée par le règlement,

Et attendu que, pour le surplus, la procédure est régulière, et que la peine a été légalement appliquée aux faits déclarés constants par le Jury.....

Du..... 18.....

La Cour,

Ouï M. le conseiller X....., en son rapport; M. l'avocat général Z....., en ses conclusions;

Vu les articles 29-56, § 5, et 463, § 8, du Code Pénal;

Attendu que par arrêt de la Cour d'Assises d....., en date du....., A..... a été déclaré coupable de tentative de viol sur la personne d'une enfant de moins de quinze ans accomplis, crime emportant le maximum des travaux forcés à temps;

Attendu que ledit A....., condamné antérieurement par la même Cour d'Assises à........ de réclusion, était, à raison de son état de récidive, passible, en vertu de l'article 56, § 5, du Code Pénal, du même maximum, lequel pouvait être élevé au double;

Mais attendu qu'en le déclarant coupable de la tentative de viol ci-dessus caractérisée, le Jury lui a accordé le bénéfice des circonstances atténuantes;

Attendu qu'aux termes de l'article 463, § 8, du Code Pénal, lorsque le Code prononce le maximum d'une peine afflictive, s'il existe des circonstances atténuantes, la Cour appliquera le minimum de la peine ou même la peine inférieure;

Attendu dès lors que la Cour d'Assises ne pouvait prononcer contre l'accusé une peine supérieure à cinq ans de travaux forcés, minimum de cette peine;

Attendu néanmoins que l'arrêt attaqué a élevé jusqu'à huit années la peine prononcée contre A....., en quoi ledit arrêt a violé les articles susvisés, et spécialement l'article 463, § 8, du Code Pénal;

Par ces motifs, statuant sur le pourvoi dont elle est saisie par le Procureur général, sur l'ordre du Ministre de la justice, et y faisant droit, *casse et annule*, dans l'intérêt de la loi et du condamné, l'arrêt de la Cour d'Assises d....., qui a condamné, le....., le nommé A...... à huit ans de travaux forcés pour tentative de viol;

Et, pour être statué conformément à la loi sur l'application de la peine seulement (tenant le verdict du jury), renvoie l'accusé en l'état où il se trouve, et les pièces du procès devant la Cour d'Assises du département d.....;

Ordonne, etc.

Ainsi fait et prononcé, etc. — Chambre criminelle.

Du....., 18.....

La Cour,

Ouï le rapport de M. le conseiller V....., et les conclusions de M. l'avocat général M.....;

Statuant sur les deux moyens de cassation relevés d'office et y faisant droit;

Vu les articles 381, § 4, 384, 56, § 5, 463, § 7, du Code Pénal;

Vu les articles 46, § 2, et 57, § 2, du même Code;

Vu les articles 417, § 2, 434 et 435 de l'ordonnance royale du 12 octobre 1828, et l'article 1er du décret impérial du 7 juin 1862;

Sur le premier moyen:

Attendu que le demandeur, condamné en 18... à sept années de réclusion et placé ainsi en état de récidive légale, a été déclaré coupable d'avoir, au mois de janvier 18..., soustrait frauduleusement divers objets mobiliers, la nuit, dans une maison habitée, à l'aide d'effraction intérieure et d'effraction extérieure, et en réunion de deux ou de plusieurs personnes;

Attendu que la peine de ce crime est celle des travaux forcés à temps; que, dans l'espèce, elle était portée au maximum par l'état de récidive de K....., et aurait pu être élevée jusqu'au double;

Attendu que la Cour d'Assises d....., ayant déclaré

qu'il existait en faveur de cet accusé des circonstances atténuantes, était tenue, aux termes du paragraphe 7 de l'article 463 du Code Pénal, de lui appliquer ou la peine de la réclusion ou le minimum de la peine des travaux forcés, lequel est de cinq années ; — qu'en le condamnant en six années de travaux forcés, elle a violé les dispositions de cet article ;

Sur le second moyen :

Attendu que le Code Pénal métropolitain a été rendu applicable à l'île de la Réunion, par la loi du 22 décembre 1876 ; que cette loi a été promulguée, le 9 janvier 1877, dans le *Journal officiel* de la métropole ; qu'elle a été publiée le 21 mars suivant dans le *Journal officiel* de la Réunion, avec le texte des articles 44 à 48 du Code pénal métropolitain, tels qu'ils ont été modifiés par la loi du 23 janvier 1874 ; que par conséquent, aux termes du décret du 15 janvier 1853, ces articles avaient force de loi à Saint-Denis, chef-lieu de la colonie, le 9 avril dernier, jour où l'arrêt attaqué a été rendu par la Cour d'Assises de l'arrondissement du Vent, siégeant en cette ville ;

Attendu que cet arrêt ne contient ni disposition, ni mention relative à la surveillance de la haute police, qui est attachée de plein droit à la peine des travaux forcés à temps, prononcée contre le demandeur ; que celui-ci se trouve ainsi placé sous la surveillance de la haute police pendant vingt années, à partir de l'expiration de sa peine, sans qu'il soit constaté que la Cour d'Assises en a spécialement délibéré, ainsi que l'exige, à peine de nullité, l'article 47 du Code Pénal ;

Attendu que la surveillance résultant de la condamnation à la réclusion, prononcée en 1877 contre K....., ne dispensait pas la Cour d'Assises de Saint-Denis de se conformer aux prescriptions légales, relativement à la peine encourue en 1877 par cet accusé ; que K..... a intérêt à se plaindre

de ce qu'elles n'ont pas été observées, puisque si la surveillance attachée à la condamnation de 1867 venait à cesser,
il se trouverait encore sous la surveillance de la haute police pendant vingt années, en vertu de la condamnation de
1877, et à partir de l'expiration de la peine principale
qu'elle prononce, sans que la Cour d'Assises ait examiné,
dans une délibération spéciale, s'il y avait lieu de le dispenser de cette peine accessoire ou d'en réduire la durée;

D'où il suit que l'arrêt attaqué a violé, en ne les appli-
quant pas, les dispositions de l'article 47 du Code Pénal, et
qu'il y a lieu, sur ce chef encore, d'en prononcer l'annulation;

Et attendu, d'ailleurs, que la procédure est régulière,

*Casse et annule,* en ce qui concerne la peine prononcée
contre K....., l'arrêt rendu, le 9 avril 1877, par la Cour d'Assises de l'arrondissement du Vent;

Et pour être procédé, conformément à la loi, à une nouvelle application de la peine sur la déclaration de fait de la
Cour d'Assises, laquelle est expressément maintenue, renvoie K..... en l'état où il se trouve et les pièces de la procédure devant la Cour d'Assises de l'arrondissement Sous-
le-Vent (île de la Réunion).

Ainsi fait et jugé, etc. — Chambre criminelle.

# CINQUIÈME PARTIE

---

## RÈGLEMENTS, ORDONNANCES
## FORMULES

*Extrait du règlement pour servir à l'exécution, en ce qui concerne le ministère de la justice, de l'ordonnance royale du 31 mai 1838, sur la comptabilité publique (pp. 42 et 43).*

## COUR D'ASSISES

### Indemnité des présidents d'Assises.

138. — L'indemnité accordée aux conseillers délégués pour présider, pendant un trimestre, les Cours d'Assises autres que celles qui se tiennent aux chefs-lieux de Cours royales, est fixée par ordonnances royales des 17 mai 1832 et 3 août suivant.

### Mode de payement.

Cette indemnité est payée à la fin de chaque trimestre sur état dressé, conformément au modèle n° 21.

### Le même conseiller ne touche qu'une seule indemnité pendant le même trimestre.

139. — Le conseiller délégué qui, après avoir terminé la session des Assises d'un département, y serait, durant le même trimestre, rappelé pour présider des Assises extra-ordinaires, ou serait délégué pour exercer les mêmes fonctions dans un autre département, ne doit toucher qu'une seule indemnité, mais il recevra, à raison de cette nouvelle présidence, 10 francs par poste pour frais de voyage

et de nourriture en route, et 15 francs par jour pour frais de séjour pendant la durée des Assises.

Cette dépense sera payée sur mémoire, comme frais de justice criminelle, en vertu d'un exécutoire délivré par le Premier Président de la Cour royale, sur la réquisition du Procureur général. (Décret du 30 janvier 1811, art. 21. — Ordonnance du 17 mai 1832, art. 2.)

Il en est de même pour l'indemnité de 15 francs par jour accordée, en vertu de l'article 19 du décret précité du 30 janvier 1811, aux conseillers délégués, pour compléter le nombre des juges des Cours d'Assises, ainsi qu'aux officiers du ministère public chargés d'y porter la parole.

### Empêchement d'un conseiller délégué.

140. — Lorsque le conseiller délégué, pour présider les Assises d'un département, ne pourra s'y rendre pour cause de maladie ou autre empêchement, l'indemnité n'est pas due.

### Frais des secrétaires.

141. — Les frais de secrétaires de parquet alloués, par ordonnance royale du 3 juin 1818, aux Procureurs du roi près les tribunaux de première instance, chefs-lieux de Cours d'Assises, continueront d'être payés sur mandat particulier et par quart à la fin de chaque trimestre.

Cependant si, dans le courant du trimestre, il survenait une mutation dans les fonctions de Procureur du roi, la somme à payer devrait être scindée en raison de la durée du service fait par chaque magistrat.

*Départe ment d....., trimestre de 18....., modèle n° 21,*
*article 138 du règlement.*

### COUR D'ASSISES

État des sommes à payer à titre d'indemnité aux conseillers de la
Cour d'Appel d....., pour avoir présidé les Cours d'Assises des dépar-
tements du ressort pendant le..... trimestre de 18. ...

Nous, Premier Président et Procureur général près la
Cour d'Appel d....., certifions que le présent état a été dressé
conformément à l'article 168 du règlement, en date du 28 décembre 1838, et l'avons arrêté à la somme de.....

A....., le..... 18.....

Vu et arrêté par nous, préfet du département d.....
le présent état à la somme d.....

A....., le..... 18.....

Monsieur le Commandant,

J'ai l'honneur de vous prier de donner des ordres pour
qu'un piquet de 30, 40 ou 50 hommes se trouve le..... 18.....,
à dix heures et demie du matin, au Palais de Justice, à
l'effet de maintenir la tranquillité de l'audience de la Cour
d'Assises.

Agréez, Monsieur le Commandant, l'assurance de ma
considération la plus distinguée.

*Le Président de la Cour d'Assises d.....*

A Monsieur le commandant de la place d.....

---

*Cour d'Appel d..... — Cour d'Assises du département d.....*
*Présidence de M.....*

*Interrogatoire de.....*

L'an mil huit cent quatre-vingt....., le.....

Nous, président de la Cour d'Assises du] département
d....., séant à....., assisté de M....., greffier,

Avons fait extraire de la Maison de Justice et amené par-
devant nous, au Palais de Justice, en notre cabinet, le
nommé....., que nous avons interrogé ainsi qu'il suit :

*D.* Quels sont vos nom, prénoms, âge, profession, demeure et lieu de naissance?

*R.*

*D.* Par la signification à vous faite le..... vous avez dû
recevoir copie de l'arrêt du....., qui vous renvoie devant la
Cour d'Assises, et de l'acte d'accusation dressé en conséquence?

*R.*

*D.* Par ces arrêt et acte d'accusation vous avez eu connaissance des faits qui vous sont imputés et qui ont donné
lieu à votre renvoi. — Persistez-vous dans les réponses
consignées dans..... précédent interrogatoire?

*R.*

*D.* Avez-vous fait choix d'un conseil pour vous aider dans
votre défense?

*R.*

Nous avons averti l'accusé que, dans le cas où..... se croi-
rait fondé à former une demande en nullité contre l'arrêt
qui..... met en accusation, aurait à en faire la déclaration
dans les cinq jours à partir de celui-ci, et que, passé ce
délai....., n'y serait plus recevable.

Lecture faite par le greffier du présent interrogatoire,
l'accusé a déclaré qu'il contenait vérité.

En foi de quoi, le présent procès-verbal a été signé par
nous et par le greffier.

———

*Arrêt portant adjonction de deux jurés.*

Aujourd'hui lundi, dix..... mil huit cent....., à..... heures
du matin, jour fixé pour l'affaire des nommés A..... et B.....
accusés de.....,

S'est assemblée publiquement au Palais de Justice, à....., la Cour d'Assises d....., composée de M. C....., président; M. D..... et M. E....., conseillers assesseurs ;

M. F....., avocat général ;

M. G....., greffier.

Les accusés étant présents, ainsi que leurs défenseurs, le Ministère public a requis que, vu la longueur présumée des débats, il fût adjoint deux jurés, et a signé.

(Signature.)

Les accusés n'ont fait aucune observation.

La Cour, après avoir délibéré, a prononcé en ces termes :

« Attendu que le procès criminel instruit contre les nommés A..... et B..... paraît de nature à entraîner de longs débats, la Cour ordonne que, indépendamment des douze jurés, il en sera tiré au sort un treizième et un quatorzième, qui assisteront aux débats jusqu'à la déclaration définitive du Jury.

« Fait et prononcé à....., les jour, mois et an susdits. »

(Signatures.)

### Procès-verbal du tirage du Jury.

Aujourd'hui lundi, dix..... mil huit cent....., à..... heures du matin, jour fixé pour l'affaire des nommés A..... et B....., accusés de.....,

Nous, G....., conseiller à la Cour d'Appel d....., président des Assises d..... pour le..... trimestre mil huit cent....., assisté de M. G....., greffier, en présence de M. F....., avocat général,

Avons, avant l'ouverture de l'audience, procédé au tirage du Jury, en présence des jurés et en présence des accusés et de leurs défenseurs.

Le greffier a fait l'appel des jurés non excusés et non dispensés.

Le nombre des jurés présents étant de trente, nous avons déposé dans une urne le nom de chaque juré répondant à l'appel, et nous avons mêlé les bulletins.

Le nombre des jurés étant de trente, nous avons annoncé que les accusés ou leurs conseils pouvaient récuser huit jurés, et que le Ministère public pouvait en récuser aussi huit.

Les accusés se sont concertés pour exercer leurs récusations.

Nous avons procédé au tirage, et, à mesure que les noms sortaient de l'urne, Me H....., défenseur de A....., pour les accusés a récusé MM. I....., J....., K....., L....., M....., N...... O....., P.....

Le Ministère public a récusé MM. R..... et S.....

Nous avons déclaré le Jury formé à l'instant où il est sorti de l'urne douze noms de jurés titulaires non récusés et deux noms de jurés adjoints aussi non récusés.

Les douze jurés titulaires sont MM.

1° B......; — 2° D.....; — 3° F.....; — 4° H.....; — 5° J.....; — 6° L.....; — 7° N.....; — 8° P.....; — 9° R.....; — 10° T.....; — 11° V.....; — 12° Y.....

Les deux jurés adjoints sont MM.

1° A.....; — 2° C.....

Nous avons déclaré que les deux jurés adjoints assisteront aux débats et ne prendront part à la délibération du Jury que dans le cas d'empêchement, avant le jugement de la présente cause, d'un ou de deux jurés.

Et de suite il a été passé à l'audience publique.

Et a été le présent procès-verbal signé par M. le Président, le Ministère public et le greffier.

(Signatures.)

*Procès-verbal des débats A..... et B....*

L'an mil huit cent..... et le....., à..... heures du matin, après le tirage du Jury de jugement pour l'affaire des nommés A..... et B....., accusés de.....,

S'est assemblée *publiquement* au Palais de Justice, à....., la Cour d'Assises du département d....., composée de M. C....., conseiller en la Cour d'Appel dudit....., président; MM. D..... et E....., conseillers assesseurs;

Présents : M. F....., avocat général; M. G....., greffier.

Les douze jurés titulaires et les deux jurés adjoints désignés dans le procès-verbal de ce jour se sont placés, dans l'ordre réglé par le sort, sur des siéges séparés du public et des témoins, en face de ceux destinés aux accusés.

Les accusés ont comparu libres et seulement accompagnés de gardes.

Sur l'interpellation de M. le Président, ils ont déclaré :

Le premier, se nommer A....., âgé de..... ans, né à....., arrondissement d....., domicilié à....., arrondissement d...., etc.;

Le second, B....., âgé de..... ans, né à....., arrondissement d....., domicilié à....., arrondissement d.....

M. le Président a déterminé que les accusés seraient soumis aux débats dans l'ordre ci-après :

1° A.....;

2° B.....

M. le Président a rappelé à Mes H..... et S....., avocats, conseils des accusés, les dispositions de l'article 311 du Code d'Instruction criminelle.

M. le Président a adressé aux douze jurés titulaires et aux deux jurés adjoints, debout et découverts, le discours contenu en l'article 312 du Code d'Instruction criminelle.

Chacun des jurés, appelé individuellement par M. le Président, a répondu en levant la main : « Je le jure. »

M. le Président a averti les accusés d'être attentifs à ce qu'ils allaient entendre.

Le greffier a donné lecture de l'arrêt de renvoi et de l'acte d'accusation.

M. le Président s'est ensuite conformé à l'article 314 du Code d'Instruction criminelle.

Le Ministère public a exposé l'affaire et a présenté la liste des témoins devant être entendus à sa requête.

Cette liste a été lue à haute voix par le greffier.

La dame M..... et le sieur N..... n'ayant pas répondu à l'appel, le Ministère public a produit des certificats constatant que ces deux témoins sont malades, et a d'ailleurs déclaré ne pas s'opposer à ce qu'il fût passé outre aux débats; les accusés n'ont fait aucune observation. La Cour, après avoir délibéré, a prononcé en ces termes :

« Attendu que la présence de ces deux témoins n'est pas indispensable pour la manifestation de la vérité, ordonne qu'il sera passé outre aux débats. »

M. le Président a ordonné aux témoins de se retirer dans la chambre qui leur est destinée.

M. le Président a procédé à l'interrogatoire des accusés.

Trente témoins ont ensuite été introduits successivement dans l'auditoire, et ils ont été entendus séparément l'un de l'autre dans l'ordre établi par le Ministère public. Ils ont déposé oralement. Avant de déposer, ils ont prêté le serment prescrit par l'article 317 du Code d'Instruction criminelle, et ont satisfait aux autres indications de cet article.

M. le Président a rempli à l'égard des témoins et des accusés les formalités de l'article 319 du Code d'Instruction criminelle.

Les pièces servant à conviction ont été représentées aux accusés et aux témoins.

M. le Président, pour favoriser la manifestation de la vérité, a ordonné, en vertu de son pouvoir discrétionnaire, de lire la déposition écrite de A....., témoin non cité. Il a prévenu les jurés que la lecture de cette pièce ne doit être prise qu'à titre de simple renseignement. Les accusés et les défenseurs se sont expliqués sur cette déposition.

Les témoins O....., P..... et M....., ayant demandé à se retirer, M. le Président les y a autorisés sans opposition de la part des accusés ni du Ministère public.

Chacun ayant besoin de repos, M. le Président a continué l'affaire à demain mardi, dix..... mil huit cent......, à..... heures du matin.

Et a été le présent procès-verbal signé par M. le Président et le greffier.

(Signatures.)

Advenu aujourd'hui....., le..... mil huit cent....., à..... heures du matin, la Cour composée comme il est dit au commencement du procès-verbal, l'audience a été reprise *publiquement*

M. le Président, en vertu de son pouvoir discrétionnaire, et à titre de simple renseignement, a fait passer sous les yeux des jurés et des défenseurs des accusés une photographie représentant Y....., victime, après le crime; cette photographie a été versée aux débats.

Tous les témoins à entendre, quarante-huit, ont ensuite été introduits successivement dans l'auditoire, et ils ont été entendus séparément l'un de l'autre, toujours dans l'ordre établi par le Ministère public. Ils ont déposé oralement. Avant de déposer ils ont déposé le serment prescrit par l'article 317 du Code d'Instruction criminelle, et ont satisfait aux autres indications de cet article. M. le Président a rempli, à l'égard des témoins et des accusés, les formalités de l'article 319 du Code d'Instruction criminelle.

Les pièces à conviction ont été représentées aux accusés et aux témoins.

M. le Président, en vertu de son pouvoir discrétionnaire, a ordonné de lire les dépositions écrites de M..... et de N.....

Les accusés se sont expliqués sur ces dépositions.

Les témoins R....., S..... et V..... ayant demandé à se retirer, M. le Président les y a autorisés, sans opposition de la part des accusés ni du Ministère public.

Chacun ayant besoin de repos, M. le Président a continué l'affaire à demain mercredi, dix..... mil huit cent....., à..... heures du matin.

Et a été le présent procès-verbal signé par M. le Président et le greffier.

(Signatures.)

Advenu aujourd'hui..... le...... mil huit cent....., à..... heures du matin, la Cour composée comme il est dit au commencement du procès-verbal, l'audience a été reprise *publiquement*.

X....., témoin entendu à l'audience d'hier, a été rappelé pour compléter sa déposition. Les accusés se sont expliqués sur ce qu'a dit ce témoin.

A ce moment, le Ministère public s'est levé, et a dit :

« Plaise à la Cour ajouter aux questions ordinaires les « deux questions suivantes, comme résultant des débats « pour A..... :

« *Première question* ( ⁿ de la ⁿ série). — La tentative de « meurtre commise sur la personne de la veuve Y..... « a-t-elle précédé, accompagné ou suivi le meurtre commis « sur la personne de N.....?

« *Seconde question* ( ⁿ de la ⁿ série). — L'homicide vo-« lontaire commis sur la personne de N..... a-t-il précédé, « accompagné ou suivi la tentative de meurtre commise « sur la veuve Y.....? » et a signé.

(Signature.)

M⁰ H....., défenseur de A....., et A....., accusé, ont déclaré n'avoir rien à dire.

Attendu que les deux questions ci-dessus résultent des débats,

La Cour, après en avoir délibéré, faisant droit aux réquisitions du ministère public, dit que les deux questions ci-dessus transcrites résultant des débats seront posées au Jury.

Après cet arrêt et à la suite des dépositions des témoins et des dires respectifs auxquels elles ont donné lieu, le Ministère public a développé les moyens qui appuient l'accusation.

Les deux défenseurs ont répondu au Ministère public.

M. le Président a demandé aux deux accusés, individuellement, s'ils n'avaient rien à ajouter à leur défense. Les accusés n'ont fait aucune observation.

M. le Président a déclaré les débats terminés. Il a résumé l'affaire ; il a fait remarquer aux jurés les principales preuves pour et contre chacun des accusés ; il a posé les questions résultant de l'acte d'accusation et des débats.

M. le Président a ensuite donné au Jury les avertissements prescrits par l'article 5 du décret du 6 mars 1848 et par les articles 341 et 347 du Code d'Instruction criminelle, modifiés par la loi du 9 juin 1853. Il a remis au chef du Jury les questions écrites et signées par lui, l'acte d'accusation, les procès-verbaux constatant les délits et les pièces du procès autres que les déclarations écrites des témoins.

M. le Président a ordonné de conduire les deux jurés adjoints dans une salle séparée de celle des jurés titulaires. Les issues de cette salle ont été gardées sur l'ordre spécial et écrit de M. le Président au chef de la gendarmerie.

Il a fait ensuite retirer les accusés de l'auditoire, où les témoins non dispensés sont restés jusqu'à ce moment.

Les douze jurés titulaires se sont rendus dans leur chambre pour y délibérer.

M. le Président a donné au chef de la gendarmerie l'ordre prescrit par l'article 343 du Code d'Instruction criminelle.

Les douze jurés sont ensuite rentrés dans l'auditoire, et ont repris leurs places.

M. le Président leur a demandé quel était le résultat de leur délibération.

M. G....., chef du Jury, s'est levé et, la main placée sur son cœur, a lu la déclaration du Jury, après avoir prononcé la formule de l'article 348 du Code d'Instruction criminelle.

La déclaration du Jury, signée par le chef, a été remise par lui à M. le Président, le tout en présence des jurés.

M. le Président et le greffier ont signé la déclaration, qui est annexée au présent procès-verbal.

M. le Président a fait comparaître les accusés, et le greffier a lu la déclaration du Jury en leur présence et en présence des jurés.

Les nommés A..... et B..... ayant été déclarés coupables par le Jury, le ministère public a requis contre eux l'application des articles..... et a signé.

(Signature.)

M. le Président a demandé à chacun des accusés s'ils n'avaient rien à ajouter à leur défense. Les accusés et leurs défenseurs ont déclaré n'avoir rien à dire, rien à ajouter.

La Cour, après en avoir délibéré, a rendu l'arrêt de condamnation, qui a été prononcé à haute voix par M. le Président en présence du public et des accusés. Avant de le prononcer, M. le Président a lu le texte de la loi sur laquelle il est fondé.

M. le Président a prévenu les condamnés qu'ils avaient trois jours francs pour se pourvoir en cassation.

Dans le cours de cette affaire, les pièces à conviction ont été représentées aux accusés et aux témoins, toutes les fois que cela a été nécessaire.

Et a été le présent procès-verbal signé par M. le Président
et le greffier.

(Signatures.)

---

### *Procès-verbal des débats S.....*

L'an mil huit cent....., et le..... à..... heures du matin,
après le tirage du Jury de jugement, pour l'affaire du
nommé S....., accusé d'avoir commis..... assassinats,

S'est assemblée *publiquement* au Palais de Justice, à.....,
la Cour d'Assises du département d....., composée de
M. T....., conseiller en la Cour d'Appel dudit....., président;
MM. M..... et N....., conseillers assesseurs ;

Présents : M. O....., avocat général; M. E....., greffier.

Les douze jurés désignés dans le procès-verbal de ce
jour se sont placés dans l'ordre réglé par le sort sur des
siéges séparés du public et des témoins, en face de celui
destiné à l'accusé.

L'accusé a comparu libre et seulement accompagné de
gardes.

Sur l'interpellation de M. le Président, l'accusé a déclaré
se nommer :

S....., âgé de...... ans, né à......, arrondissement d.....,
domicilié à....., arrondissement d.....

M. le Président a rappelé à Me C....., avocat, conseil de
l'accusé, les dispositions de l'article 311 du Code d'Instruction criminelle.

M. le Président a adressé aux douze jurés, debout et découverts, le discours contenu en l'article 312 du Code d'Instruction criminelle. Chacun des jurés, appelés individuellement par M. le Président, a répondu en levant la main
« Je le jure. »

M. le Président a averti l'accusé d'être attentif à ce qu'il allait entendre.

Le greffier a donné lecture de l'arrêt de renvoi et de l'acte d'accusation.

M. le Président s'est ensuite conformé à l'article 314 du Code d'Instruction criminelle.

Le Ministère public a exposé l'affaire et a présenté la liste des témoins devant être entendus à sa requête.

Cette liste a été lue à haute voix par le greffier. Tous les témoins ont répondu à l'appel de leur nom, et se sont retirés dans la chambre qui leur est destinée.

M. le Président a procédé à l'interrogatoire de l'accusé.

Les témoins ont ensuite été introduits successivement dans l'auditoire, et ils ont été entendus séparément l'un de l'autre, dans l'ordre établi par le Ministère public; ils ont déposé oralement. Avant de déposer, à l'exception de A....., témoin âgé de moins de quinze ans, ils ont prêté le serment prescrit par l'article 317 du Code d'Instruction criminelle, et ont satisfait aux autres indications de cet article.

M. le Président a rempli à l'égard des témoins et de l'accusé les formalités de l'article 319 du Code d'Instruction criminelle.

M. le Président a prévenu les jurés que la déposition du témoin A....., âgé de..... ans seulement, et qui n'a pas prêté serment, ne doit être prise qu'à titre de simple renseignement.

Toutes les pièces à conviction étant déposées au pied de la Cour, M. le Président a fait représenter à l'accusé et aux témoins une..... pièce à conviction.

A ce moment, le défenseur de l'accusé s'est levé, a lu et déposé les conclusions suivantes :

« Attendu que, malgré les aveux complets et immédiats
« de l'accusé et le soin qu'a mis l'instruction à rechercher
« les mobiles de son crime, l'on ne saurait trouver dans la

« cause d'explication logique des meurtres qu'il a commis;

« Que c'est en vain que l'on tenterait de les attribuer à
« l'intérêt ou à la cupidité; que, en admettant même l'exis-
« tence réelle de ces sentiments chez l'accusé, les meurtres
« accomplis ne pouvaient avoir pour but ni pour résultat de
« les satisfaire;

« Qu'il résulte également des débats qu'aucune prémédi-
« tation ne peut lui être reprochée; que c'est donc sous
« l'influence d'un accès de fureur subite, qui contraste de
« la manière la plus étrange avec le passé de l'accusé, tel
« qu'il est révélé par de nombreux témoins, qu'il a perpétré
« les actes épouvantables de la nuit du.....; que les circons-
« tances qui ont accompagné le crime frappent d'étonne-
« ment autant que d'horreur;

« Attendu que de ces considérations résulte la présomp-
« tion que l'accusé S..... ne jouit pas de l'intégrité de ses
« facultés mentales;

« Attendu que ces graves présomptions sont corroborées
« par les impressions que révèlent des dépositions dignes
« de la plus haute confiance; que, notamment, le témoin
« M......, parlant de la visite que lui a faite l'accusé le......,
« veille du crime, s'exprime ainsi : *Cet homme m'avait
« paru surexcité et menacé d'aliénation mentale;*

« Attendu qu'il est également remarquable que, dans l'un
« de ses interrogatoires, l'accusé, confronté avec le témoin
« G....., nie, contre son intérêt évident, le propos suivant
« qui lui était attribué : *Je crois que je vais devenir fou,*
« et qu'il ajoute cette phrase étrange : *Dieu, au contraire,
« a voulu que je garde la mémoire de tous ces faits;*

« Attendu qu'en présence de ces témoignages et de cette
« attitude, les doutes les plus graves se présentent à tous
« les esprits;

« Par ces motifs et tous autres à suppléer si besoin est,
« plaise à la Cour ordonner que, par un ou plusieurs hom-

6.

« mes de l'art, il sera procédé à l'examen de l'état mental
« de l'accusé S.....; dire, en conséquence, qu'il sera sursis
« aux débats actuellement engagés; donner acte au con-
« cluant du dépôt des présentes.

« A....., le..... 18.....

« C....., *signé.* »

Le défenseur a développé ses conclusions.

Le Ministère public a répondu au défenseur de l'accusé,
et a conclu au rejet des conclusions.

Le défenseur et l'accusé, interpellés à ce sujet par M. le
Président, ont déclaré persister et ont eu la parole les derniers.

Après en avoir délibéré :

Vu les conclusions prises par le défenseur de l'accusé,
tendant à ce qu'il soit ordonné un supplément d'information, à l'effet de vérifier l'état mental de l'accusé;

Ouï le défenseur dans le développement des conclusions;

Ouï M. l'avocat général dans ses réquisitions et le défenseur dans ses moyens de défense;

Attendu que dans l'état de l'information, qui a vérifié avec
le plus grand soin la situation d'esprit et les antécédents
intellectuels et moraux de l'accusé, il ne saurait exister
aucun doute sur l'intégrité de ses facultés mentales;

Qu'en effet, à la suite de la déposition écrite de M.....,
qui, seul, a prononcé le mot d'*aliénation mentale* au sujet
de l'accusé, qu'il voyait pour la première fois, les investigations les plus minutieuses ont été faites pour savoir si
cette impression du témoin avait été partagée par d'autres;

Attendu qu'il résulte des renseignements versés dans
l'instruction et émanant soit des maires des diverses loca-
lités qu'il a habitées, soit des maîtres qu'il a servis, soit
de toutes autres personnes ayant eu des rapports avec lui,
que l'accusé n'a jamais donné aucun signe d'aliénation
mentale;

Attendu que dans les débats aucun élément nouveau n'a rien ajouté à l'impression isolée de M.....;

Attendu que l'attitude de l'accusé et ses réponses aux débats sont exclusives de toute altération de ses facultés intellectuelles;

Par ces motifs, la Cour donne acte au défenseur de ses conclusions; dit n'y avoir lieu à surseoir pour vérifier l'état mental de l'accusé, et ordonne qu'il sera passé outre aux débats.

Après cet arrêt et à la suite des dépositions des témoins et des dires respectifs auxquels elles ont donné lieu, le Ministère public a developpé les moyens qui appuient l'accusation.

Le défenseur lui a répondu.

M. le Président a demandé à l'accusé s'il n'avait rien à ajouter à sa défense.

L'accusé n'a fait aucune observation.

M. le Président a déclaré les débats terminés. Il a résumé l'affaire; il a fait remarquer aux jurés les principales preuves pour et contre l'accusé; il a posé les questions résultant de l'acte d'accusation.

M. le Président a ensuité donné au Jury les avertissements prescrits par l'article 5 du décret du 6 mars 1848, et par les articles 341 et 347 du Code d'Instruction criminelle, modifiés par la loi du 9 juin 1853. Il a remis au chef du Jury les questions écrites et signées par lui, l'acte d'accusation, les procès-verbaux constatant les délits et les pièces du procès, autres que les déclarations écrites des témoins.

M. le Président a fait retirer l'accusé de l'auditoire. Les douze jurés se sont rendus dans leur chambre pour y délibérer.

M. le Président a donné au chef de la gendarmerie l'ordre prescrit par l'article 343 du Code d'Instruction criminelle.

Les jurés sont ensuite rentrés dans l'auditoire et ont repris leurs places. M. le Président leur a demandé quel était le résultat de leur délibération. Le chef du Jury, M. F....., s'est levé et, la main placé sur son cœur, a lu la déclaration du Jury, après avoir prononcé la formule de l'article 348 du Code d'Instruction criminelle.

La déclaration du Jury, signée par le chef, a été remise par lui à M. le Président, le tout en présence des jurés.

M. le Président et le greffier ont signé la déclaration qui est annexée au présent procès-verbal.

M. le Président a fait comparaître l'accusé, et le greffier a lu la déclaration du Jury en sa présence et en présence des jurés.

Le nommé S..... ayant été déclaré coupable par le Jury, le Ministère public a requis contre lui l'application des article 295, 296, 297, 302, 304, 12, 26 du Code Pénal; 368 du Code d'Instruction criminelle, et a signé.

(Signature )

M. le Président a demandé à l'accusé s'il n'avait rien à ajouter à sa défense.

L'accusé et son défenseur ont déclaré n'avoir rien à ajouter, rien à dire.

La Cour, après avoir délibéré, a rendu l'arrêt de condamnation, qui a été prononcé à haute voix par M. le Président, en présence du public et de l'accusé. Avant de le prononcer, M. le Président a lu le texte de la loi sur laquelle il est fondé.

M. le Président a prévenu le condamné qu'il avait trois jours francs pour se pourvoir en cassation.

Au moment où M. le Président allait lever l'audience, à..... heures du soir, Me C....., défenseur du condamné, s'est levé, a lu et déposé les conclusions suivantes :

« Plaise à la Cour donner acte au concluant de ce que « des pièces à conviction sont restées pendant le cours

« entier des débats sous leur enveloppe et sous les sceaux
« qui les recouvrent, et par conséquent n'ont été repré-
« sentées ni à l'accusé, ni au Jury, ni aux témoins.

« A..... le..... 18.....

« C....., *signé.* »

Ouï le Ministère public, qui s'en est rapporté à la sagesse
de la Cour;

Après en avoir délibéré :

Vu les conclusions prises par le défenseur de S....., tendant à ce qu'il lui soit donné acte de ce que..... pièces à
conviction sont restées pendant le cours des débats sous
enveloppe;

Attendu que les pièces à conviction déposées au pied de
la Cour sont au nombre de..... ;

Attendu que dans le cours de cette affaire, la....., qui a
seule servi à perpétrer les crimes, a été représentée à l'accusé et aux témoins toutes les fois que cela a été nécessaire ;

Attendu que sous la même enveloppe se trouvaient,
d'après l'état, des pièces à conviction..... qui n'avaient pas
servi à commettre les crimes, et qui n'avaient servi qu'à
une tentative de suicide de la part de l'accusé;

Par ces motifs, la Cour déclare que la....., ayant seule
servi à perpétrer les crimes, a été représentée pendant le
cours des débats à l'accusé et aux témoins toutes les fois
que cela a été nécessaire ;

Donne acte au défenseur du condamné de ce que des
pièces à conviction n'ayant servi qu'à une tentative de suicide de l'accusé sont restées pendant le cours des débats
sous enveloppe.

Après cet arrêt, M. le Président a levé l'audience,

Et a été le présent procès-verbal signé par M. le Président et le greffier.

(Signatures.)

## PROCÈS-VERBAL DES DÉBATS

Aujourd'hui (mettre la date et l'heure en toutes lettres), après le tirage du Jury de jugement pour l'affaire des nommés A..... et B....., s'est assemblée publiquement, au Palais de Justice, à (dire la ville), la Cour d'Assises d....., composée de M. N....., président; MM. N..... et N....., assesseurs; (M. N....., assesseur adjoint), M. N....., procureur général, et M. N....., greffier (art. 309, p. 50). Le sieur N....., désigné au procès-verbal du tirage, remplissait les fonctions d'interprète. (Art. 332, p. 46.)

Les douze jurés (et le juré adjoint) désignés dans le procès-verbal de ce jour, se sont placés dans l'ordre réglé par le sort sur des siéges séparés du public et des témoins, en face de ceux destinés aux accusés. (Art. 309, p. 50.)

Les accusés ont comparu libres et seulement accompagnés de gardes. (Art. 310, p. 50.)

Sur l'interpellation du président, ils ont déclaré, le premier, se nommer A....., âgé de..... ans, profession de....., demeurant à....., né à....., et le second, se nommer A....., etc. (Art. 310, p. 50.)

Le président a déterminé que les accusés seraient soumis aux débats dans l'ordre ci-dessus (Art. 334, p. 50.) Il a rappelé aux conseils des accusés les dispositions de l'article 311 du Code d'Instruction criminelle. (Art. 311, p. 50.)

Il a adressé aux jurés, debout et découverts, le discours contenu en l'article 312; chacun des jurés, appelés individuellement par le président, a répondu en levant la main : « Je le jure. » (Art. 312, p. 52.)

Le sieur X..... a déclaré se porter partie civile; la Cour a donné acte de l'intervention. (Art. 67, p. 54.)

La Cour, après en avoir délibéré, a rendu l'arrêt suivant : « Vu l'article 17 de la loi du 17 février 1852, attendu que la publicité serait dangereuse pour l'ordre, la Cour interdit de rendre compte du procès. »

La publicité pouvant être dangereuse pour l'ordre et pour les mœurs, le procureur général a requis que, conformément à l'article 81 de la Constitution de 1848, les débats eussent lieu à huis clos ; les accusés n'ont fait aucune observation, ou ont conclu à ce que, etc. La Cour, après en avoir délibéré, a rendu l'arrêt suivant : « Vu l'article 81 de la Constitution de 1848, lequel est ainsi conçu (copier cet article) ; attendu que la publicité serait dangereuse pour l'ordre et pour les mœurs, la Cour ordonne que les débats auront lieu à huis clos, » (p. 54). — Le Président a ordonné aux huissiers de faire retirer le public.

Le Président a averti les accusés d'être attentifs à ce qu'ils allaient entendre. (Art. 313, p. 56.)

Le greffier a donné lecture de l'arrêt de renvoi et de l'acte d'accusation. (Art. 313, p. 56.)

Le Président s'est ensuite conformé à l'article 314. (Art. 314, p. 58.)

Le procureur général a exposé l'affaire et a présenté la liste des témoins devant être entendus à sa requête et à celle des accusés. Cette liste a été lue à haute voix par le greffier. (Art. 315, p. 56.)

Le sieur L..... n'ayant pas répondu à l'appel, le Procureur général a requis que ce témoin fût condamné à l'amende, conformément aux articles 355 et 89 du Code d'Instruction criminelle, et il a d'ailleurs déclaré ne pas s'opposer à ce qu'il fût passé outre aux débats ; les accusés n'ont fait aucune observation, ou ont conclu à ce que..... (le président a fait ouvrir les portes, et l'audience étant devenue publique) ; la Cour, après en avoir délibéré, a prononcé en ces termes : « Attendu que le sieur L......, quoique cité réguliè-
« rement, ne comparaît pas à cette audience, vu les arti-
« cles 355 et 80, lesquels sont ainsi conçus (copier ces arti-

« clos), la Cour condamne le sieur L...... à..... francs
« d'amende; et, attendu que la présence de ce témoin n'est
« pas indispensable pour la manifestation de la vérité,
« ordonne qu'il sera passé outre aux débats. » (Art. 354 et
355, p. 56.)

Après cet arrêt, l'affaire a été reprise à huis clos.

Le Procureur général ayant déclaré renoncer à l'audition
du sieur M....., et l'accusé ayant consenti à ce que ce témoin
ne fût pas entendu (le président a fait ouvrir les portes, et
l'audience étant devenue publique), la Cour, après en avoir
délibéré, a prononcé en ces termes : « Attendu que le mi-
« nistère public et l'accusé renoncent à l'audition du sieur
« M....., dont la déposition n'est pas d'ailleurs nécessaire,
« la Cour ordonne que ce témoin ne sera pas entendu. »
(Art. 321, p. 59.) Après cet arrêt, l'affaire a été reprise à
huis clos.

Le Président a ordonné aux témoins de se retirer dans la
chambre qui leur est destinée. (Art. 316, p. 59.)

Chacun ayant besoin de repos, le Président a continué
l'affaire à tel jour, à telle heure. (Art. 353, p. 36.)

Dans le cours de cette séance, l'interprète a prêté son
ministère quand il a été utile. (Art. 332, p. 46.)

Le magistrat adjoint n'a pas pris part aux délibérations
de la Cour. (Art. 252, p. 13.)

Et a été le présent procès-verbal signé par le Président
et par le greffier. (Art. 372, p. 93.)

(Signatures.)

Aujourd'hui (mettre la date et l'heure en toutes lettres),
la Cour étant composée comme il est dit au commencement
du procès-verbal (et l'interprète toujours présent), l'audience a été reprise (dire si c'est à huis clos ou publiquement. (Art. 309, p. 61.)

Le Président a procédé à l'interrogatoire des accusés; il
les a fait retirer l'un après l'autre pour les examiner sépa-

rément, et il a eu soin, avant de reprendre la suite des débats généraux, de les instruire de ce qui s'était fait en leur absence et de ce qui en était résulté. (Art. 327, p. 58.)

Les témoins ont ensuite été introduits successivement dans l'auditoire, et ils ont été entendus séparément l'un de l'autre dans l'ordre établi par le Procureur général; ils ont déposé oralement. — Avant de déposer, ils ont prêté le serment prescrit par l'article 317, et ont satisfait aux autres indications de cet article. (Art. 317, p. 62.)

Le Président a rempli, à l'égard des témoins et des accusés, les formalités de l'article 319, page 64.

Les pièces servant à conviction ont été représentées aux accusés et aux témoins. (Art. 329, p. 66.)

La déposition du sieur P..... ayant paru mensongère, le président a ordonné l'arrestation de ce témoin, et a fait inscrire au procès-verbal sa déposition, dont voici les termes..... Cette déposition a été lue au sieur P....., qui a déclaré qu'elle contenait la vérité. — Le président a commis M. N..... pour remplir les fonctions de juge d'instruction. (Art. 330, p. 66.)

Les accusés ayant été condamnés par contumace, le Président, conformément à l'article 477 du Code d'Instruction criminelle, a ordonné de lire les interrogatoires des autres accusés et la déposition écrite du sieur....., témoin qui n'a pu être produit aux débats. — Les accusés se sont expliqués à cet égard. (Art. 477, p. 68.)

Le Président, pour se conformer à l'article 512, a ordonné de lire la déposition écrite de....., témoin dispensé de comparaître aux termes de la loi; les accusés se sont expliqués sur cette déposition. (Art. 512, p. 68.)

Le sieur E....., l'un des témoins, ayant demandé à se retirer, le Président l'y a autorisé, sans opposition de la part des accusés ni du Procureur général. (Art. 320, p. 66.)

A la suite des dépositions des témoins et des dires respectifs auxquels elles ont donné lieu, le Procureur général a développé les moyens qui appuient l'accusation. Les défenseurs lui ont répondu. (Art. 335, p. 72.)

Le Président a ensuite déclaré les débats terminés. (Art. 335, p. 72.)

Il a fait ouvrir les portes, et, l'audience ayant été rendue publique, il a résumé l'affaire, a fait remarquer aux jurés les principales preuves pour et contre les accusés, et il a posé les questions. (Art. 336, p. 72.)

Le Président a ensuite donné au Jury les avertissements prescrits par l'article 5 du décret du 6 mars 1848, et par les articles 341 et 347 du Code d'Instruction criminelle, modifiés par la loi du 9 juin 1853. Il a remis au chef du Jury les questions écrites, l'acte d'accusation, les procès-verbaux constatant le délit et les pièces du procès autres que les déclarations écrites des témoins. (Art. 341, p. 78.)

Le Président a averti le juré adjoint qu'il devait rester dans la salle sans communiquer de l'affaire avec personne, jusqu'après la déclaration définitive du Jury. (Art. 394, p. 46.)

Il a ensuite fait retirer l'accusé de l'auditoire. (Art. 341, p. 780.)

Les douze jurés se sont rendus dans leur chambre pour y délibérer. (Art. 342, p. 80.)

Le Président a donné au chef de la gendarmerie l'ordre prescrit par l'article 343. (p. 80.)

Les jurés sont ensuite rentrés dans l'auditoire et ont repris leurs places. — Le Président leur a demandé quel était le résultat de leur délibération. — Le chef du jury ou le sieur D......, désigné par ses collègues et du consentement du premier juré sorti par le sort (art. 342, p. 80), s'est levé, et, la main placée sur son cœur, il a lu la délaration du Jury, après avoir prononcé la formule de l'article 348. (Art. 348, p. 84.)

La déclaration du Jury, signée par le chef, a été remise par lui au Président, le tout en présence des jurés. (Art. 349, p. 84.)

Après cette lecture, le Procureur général a conclu à ce qu'il plût à la Cour ordonner que les jurés délibéreront de nouveau, attendu que, dans leur réponse, ils ont commis telle irrégularité ; les défenseurs n'ont fait aucune observation, ou ont conclu à ce que..... — La Cour, après en avoir délibéré, a prononcé en ces termes : « Vu tel article du Code d'Instruction criminelle, considérant que les jurés, en répondant de telle manière à telle question, ont contrevenu au vœu de la loi, ordonne qu'ils se retireront dans leur chambre pour y délibérer de nouveau. » — A la suite de cet arrêt, les jurés se sont retirés dans leur chambre ; ils sont ensuite revenus à l'audience, et leur chef a lu de nouveau la déclaration en se conformant à l'article 348. (Art 350, p. 86.)

Le Président et le greffier ont signé la déclaration, qui est annexée au présent procès-verbal. (Art. 349, p. 84.)

Le Président a fait comparaître les accusés, et le greffier a lu la déclaration du Jury en leur présence et en présence des jurés. (Art. 357, p. 88.)

La déclaration du Jury portant que le nommé A..... n'est pas coupable, le Président a prononcé en ces termes : « Vu la déclaration du Jury, portant que A..... n'est pas coupable ; vu l'article 358, nous déclarons que A..... est acquitté de l'accusation portée contre lui, et ordonnons qu'il soit mis en liberté, s'il n'est retenu pour autre cause. » (Art. 358, p. 88.)

La partie civile a conclu à ce que le nommé A..... fût condamné à tels dommages-intérêts. L'accusé a présenté tels moyens de défense. Le Ministère public a pris telles conclusions (art. 358, p. 89) ; et la Cour, après en avoir délibéré, a rendu l'arrêt, qui a été prononcé à haute voix par le Président en présence du public et de l'accusé. (Art. 369, p. 90.)

Le nommé B..... ayant été déclaré coupable par le Jury, le Procureur général a pris telles réquisitions pour l'application de la peine; la partie civile a pris telles conclusions pour dommages. (Art. 362, p. 90.)

Le Président a demandé à l'accusé s'il n'avait rien à dire pour sa défense (art. 363, p. 90); l'accusé n'a fait aucune observation ou a conclu à ce que, etc. Après les explications des parties relativement aux dommages-intérêts, le Ministère public a donné ses conclusions. (Art. 353, p. 88.)

La Cour, après en avoir délibéré, a rendu l'arrêt de condamnation, qui a été prononcé à haute voix par le Président en présence du public et de l'accusé. Avant de le prononcer, le Président a lu le texte de la loi sur laquelle il est fondé. (Art. 369, p. 90.)

Le Président a prévenu le condamné qu'il avait trois jours francs pour se pourvoir en cassation. (Art. 371, p. 96.)

Dans le cours de cette affaire, l'interprète a prêté son ministère quand il a été utile. (Art. 332, p. 46.)

Le magistrat adjoint n'a pas pris part aux délibérations de la Cour. (Art. 252, p. 13.)

Et a été le présent procès-verbal signé par le Président et par le greffier. (Art. 372, p. 98.)

(Signatures.)

---

*Cour d'appel d..... — Parquet.*

C....., le.....

Nous, Procureur général près la Cour d'appel d.....,

Vu l'arrêt rendu par la Cour d'Assises d....., le....., contre le nommé A......, condamné à la peine de mort pour assassinat;

Vu l'arrêt de la Chambre criminelle de la Cour de Cassation, qui, le....., a rejeté le pourvoi du condamné;

Vu l'article 378 du Code d'Instruction criminelle,

Requérons le greffier de la Cour d'Assises d..... de se transporter sur la place publique du....., à....., pour y assister à l'exécution dudit arrêt, qui aura lieu le....., à....., et en rapporter un procès-verbal, qui nous sera immédiatement transmis.

Fait au Parquet de la Cour d'Appel d....., le..... 18.....

*Le Procureur général,*

C.....

---

### INVENTAIRE DES PROCÉDURES

(Art. 423 du Code d'Instruction criminelle.)

Après les dix jours qui suivront la déclaration de pourvoi, etc.,

Le greffier de la Cour audit tribunal qui aura rendu l'arrêt ou le jugement attaqué, rédigera sans frais et joindra un inventaire des pièces, sous peine de 100 francs d'amende, laquelle sera prononcée par la Cour de Cassation.

Liste :

*Procédure devant la Cour d'Assises.*

Nᵒ Réquisition de M. le Procureur général.
Nᵒ Arrêt d'accusation.
Nᵒ Acte d'accusation.
Nᵒ Notifications de l'arrêt et de l'acte d'accusation.
Nᵒ Interrogatoire de N.....
Nᵒ Citations à témoins.
Nᵒ Notifications.
Nᵒ Notifications de la liste des jurés.

N° Procès-verbal de la formation du tableau des douze jurés.

N° Conclusion (s'il y en a).

N° Questions et réponses du Jury.

N° Procès-verbal des débats.

*S'il y a pourvoi.*

N° Copie des questions et réponses du Jury (cir. du 4 octobre 1843).

N° Copie de la liste générale des jurés (cir. du 4 mai 1852).

N° Copie des arrêts statuant sur les excuses des jurés (cir. du 16 avril 1831).

N° Expédition de l'arrêt de condamnation (cir. du 30 décembre 1812).

N° Extrait du pourvoi (cir. du 30 décembre 1812).

N° Copie de la liquidation des frais (cir. du..... 1876).

A....., le..... 18.....

Certifié exact.

Le greffier
B.....

# TABLE

---

# B

# G

# H

# I

# J

# L

# O

# P

## Q

## R

## S

## T

## V

FIN

---

Toulouse, Imprimerie Douladoure-Privat, rue Saint-Rome, 39. — 69